I0815668

SER UN ESTOICO

WILLIAM
MULLIGAN

SER UN ESTOICO

GUÍA PRÁCTICA PARA VIVIR BIEN
CADA DÍA

Traducción de Ana Pedrero

PAIDÓS Contextos

Obra editada en colaboración con Editorial Planeta - España

Título original: *The Everyday Stoic, de William Mulligan*
Publicado originariamente en inglés por Michael Joseph. Michael Joseph forma parte del grupo Penguin Random House.

Fotocomposición: Realización Planeta

Bajo el sello editorial PAIDÓS M.R.
Avenida Presidente Masarik núm. 111,
Piso 2, Polanco V Sección, Miguel Hidalgo
C.P. 11560, Ciudad de México
www.planetadelibros.com.mx
www.paidos.com.mx

Primera edición impresa en España: enero de 2025
ISBN: 978-84-493-4321-6

Primera edición impresa en México: abril de 2025
Primera reimpresión en México: junio de 2025
ISBN: 978-607-569-957-8

Impreso en los talleres de Litográfica Ingramex, S.A. de C.V.
Centeno núm. 162-1, colonia Granjas Esmeralda, Ciudad de México
Impreso en México – *Printed in Mexico*

Sumario

Bienvenidos al estoicismo

Las olas estaban crecidas en aquel mar del color del vino, y el tiempo seguía empeorando. La nave, cargada de valiosas mercancías, rodaba sobre el agua y azotaba las rocas con una fuerza inmensa hasta que el casco de madera no pudo resistirlo más. Entre terribles ruidos de crujidos y quebraduras, la nave se partió en dos y el mar Egeo engulló su mercancía.

No se sabe cómo, el propietario de la carga sobrevivió. Maltrecho y medio ahogado, Zenón, un mercader antes rico y ahora arruinado, logró llegar a la ciudad de Atenas, donde —como haría cualquiera tras sobrevivir a un naufragio— visitó una librería. Una vez allí, en lugar de lamentarse por haber perdido toda su fortuna en una desdichada travesía marina, se enfrascó en una conversación con el librero sobre las últimas enseñanzas filosóficas.

Quizá fuese por la impresión de ser el único superviviente del hundimiento y por verse rodeado de intensos debates sobre la existencia por lo que Zenón empezó a formular su propia filosofía. Sus seguidores vinieron a conocerse como estoicos por la estoa Pecile, la pasarela cubierta del espacio público de la antigua Atenas donde se reunían a diario (al principio, al estoicismo se lo llamó zenonismo, pero enseguida rechazaron bautizarlo con el nombre de su profesor al reconocer que cualquier maestro tendría defectos y que, además, de esta forma corrían el riesgo de convertir su filosofía en una corriente de culto a un individuo). Tras la muerte de Zenón, el siguiente líder de los estoicos fue Cleantes, aguador y boxeador conocido como el Asno por su fuerza y su paciencia; entonces vino Crisipo, un corredor de larga distancia y escritor prolífico. Las muchas obras escritas por Crisipo fueron un factor clave en la expansión del estoicismo, y tuvo una muerte de lo más envidiable: falleció riendo mientras molestaba a un burro que comía unos higos. Un tiempo después lo siguió Posidonio, atleta, astrónomo, matemático y político que recorrió Europa y África, y calculó la circunferencia de la Tierra y el efecto de la Luna sobre las mareas. Su reconocimiento atrajo a figuras de todo el mundo a su escuela estoica.

Unos cien años después llegó Epicteto, el académico que obtuvo su libertad como esclavo a pesar de presentar una discapacidad física y que llevó al estoicismo de ser una teoría discursiva a convertirse en un estilo de vida práctico. Tal vez fue a causa de su rechazo por las enseñanzas teóricas por lo que se negó a dejar nada por escrito; todo lo que se conserva de sus lecciones se lo debemos a un apasionado alumno que tomó unas notas que todavía resultan útiles hoy, dos mil años después, y que culminaron en el *Enquiridión o el manual de Epicteto*, y hoy en *El arte de vivir*. El fundador de la terapia cognitivo-conductual dijo de Epicteto que fue una de las influencias principales de su corriente.

Nuestra última gran figura estoica fue Marco Aurelio, el último gran emperador romano y el rey filósofo, quien tuvo que lidiar con la enfermedad durante toda la vida y se enfrentó también a la peste, a las guerras y a las muertes de sus muchos hijos. Tomaba notas personales sobre la filosofía estoica y su vida enmarcada en ella con el único propósito de alcanzar la propia superación personal, pero en algún momento el texto se publicó y desde entonces no ha dejado de compartirse. Con sus cientos de páginas repletas de sabiduría, esfuerzo, aprendizaje y debate, sigue siendo una de las obras de cabecera del estoicismo.

En los años siguientes, el estoicismo acumuló muchos seguidores aclamados en la Grecia y la Roma clásicas, y no tardó en expandirse más allá de las fronteras de dichos países y sus tierras invadidas, a pesar del auge del cristianismo, con el cual muchas otras filosofías fueron suprimidas. Su creencia en la construcción de un camino que lleve a una «buena» vida, en desarrollar el propio carácter y gozar de un buen estado mental todos los días se abrió paso por el mundo entero y por muchas y diversas culturas.

A lo largo de los miles de años de historia, muchos filósofos estoicos han sufrido por sus creencias: el emperador Domiciano mandó a todos los filósofos de Roma al exilio, incluido el líder estoico Epicteto, y el padre de Domiciano, Vespasiano, había ido un paso más allá y desterrado específicamente a los filósofos estoicos por corromper a sus alumnos con «enseñanzas inapropiadas». Musonio Rufo fue objeto de tales sospechas por sus creencias estoicas en la corte de Nerón, y no lo mandaron una vez al exilio, sino dos.

Pero ninguno de estos filósofos estoicos dejó de enseñar el estoicismo, ya que creían que transmitir estas lecciones vitales era más importante que preservar su propia existencia. A medida que se va aprendiendo sobre lo que los estoicos valoran en la vida, es difícil evitar pensar que a quienes ostentan el poder no les acaba de gustar que los ciudadanos empiecen a decir: «Quizá no hace falta que compremos tantas cosas o que nos peleemos tanto entre nosotros por un poquito de poder». Cuando el miedo y el consumismo son tus únicas armas, influir en aquellos que se sienten satisfechos y que no tienen miedo puede resultar más difícil.

No obstante, si el estoicismo ha durado tanto tiempo, se debe a una razón principal: es práctico. Eso significa varias cosas, y es que el hecho de que se trate de una filosofía de vida hace que sea flexible. No tiene sentido poner límites rígidos sobre qué comer o quiénes conforman el exogrupo o qué acciones están prohibidas si se acepta que las circunstancias y las situaciones de cada uno son totalmente distintas. También hace que sea accesible, ya que no tienes por qué estudiarte millones de términos o aislarte de la sociedad para entender esta filosofía y empezar a llevar una vida estoica. De hecho, algunas de las personas más estoicas que conozco jamás han oído hablar del estoicismo y, desde luego, no lo han estudiado. Estos aspectos hacen que el estoicismo resulte increíblemente atractivo; si empiezas hoy, notarás una mejora en tu vida desde ya. Te da justo lo que te ofrece y es algo que se practica a diario. Uno no se vuelve más estoico a medida que sigue este camino ni llega a un nivel máximo de estoicismo, sino que se van construyendo buenos hábitos que hacen que tomar las decisiones acertadas resulte más fácil, lo que hará que tú seas más feliz y que, conforme vayas desarrollando tu paciencia, empatía y sabiduría, las personas de tu entorno estén también más a gusto. La cuestión es darnos la oportunidad de adquirir esos pequeños buenos hábitos, de tomar una decisión sobre cómo queremos vivir y aunar una cosa con la otra para florecer como estoicos.

Aunque no es necesario que le pongamos nombre, todos tenemos nuestra propia filosofía. Puede que tenga que ver con el trato que damos a los demás y cómo dejamos que nos traten, o quizá es una visión más amplia de cómo es el mundo. La expresemos como la expresemos —si es que lo hacemos—, todos desarrollamos una filosofía vital, una teoría del comportamiento, que moldea la forma en que elegimos vivir.

Zenón no se inventó nada nuevo con el estoicismo, sino que echó mano de un conjunto de verdades universales sobre las personas, sobre cómo nos comportamos, sobre lo que nos gusta y lo que no, y sobre lo que nos hace florecer y prosperar en cualquier situación. En cada capítulo hablaremos de una de esas verdades universales que quizá hayamos perdido de vista, y espero que cada una te acerque parte del contento y de la felicidad propios del estoicismo.

Este libro es una guía práctica. Hay libros sobre filosofía que te llevan a hacerte preguntas sobre la existencia, las creencias, la moralidad y el yo, pero esto no es un estudio académico sobre teoría ni una recapitulación densa. Está diseñado para servir como una plantilla diaria para llevar una vida caracterizada por la obtención de más paz y felicidad en un mundo mejor para todos: más justo, más calmado, más sabio y más agradable. Lo que pretende es darte las herramientas para que puedas ser la mejor versión, y la más feliz, de ti mismo. No quiero guardarme el estoicismo solo para mí: quiero que este libro enseñe a todo el mundo lo sencilla, accesible y alegre que es la filosofía estoica. Y es que el estoicismo no requiere estudiar para ningún examen ni leer cientos de libros. El estoicismo tiene que ver con vivir de una forma que mejore las vidas de todos, no solo de los pocos que disponen de los recursos económicos o del tiempo necesarios para vivir «bien». Y es que ahí está la clave: el estoicismo se centra en cómo vivimos.

Espero que disfrutes de este libro, y que luego salgas al mundo y disfrutes de tu vida como un buen estoico.

Capítulo 1

¿Qué tiene de malo mi vida?

O cómo todo puede mejorar gracias al estoicismo

> Día a día te conviertes en lo que eliges, lo que piensas y lo que haces.
>
> HERÁCLITO

Quién sabe, quizá te levantas contento cada mañana y por las noches te acuestas sintiéndote realizado, presa de un cansancio agradable y enseguida caes en un sueño reparador que te prepara para otro día de alegrías. Puede que nunca tengas desavenencias con tus amigos o compañeros de trabajo, que las colas interminables nunca te estresen y que el fin de una relación o la pérdida de un trabajo jamás te hayan afectado. Tal vez eres del tipo de persona que no ve el vaso medio lleno, sino a rebosar.

En ese caso, enhorabuena. Seguramente no te haga falta leer este libro.

Pero al resto a veces nos parece que la vida es una sucesión de problemas. Desde los más nimios —perder el autobús, quedarse sin gasolina, que un amigo te cancele o tener otra reunión cuando habías logrado despejar tu calendario— hasta los grandes retos que nos pone la vida —rupturas, desempleo y fallecimientos—, en el siglo XXI la vida es una lista infinita de tareas emocionales, económicas, mentales y vitales enterradas bajo las presiones y la atracción de las redes sociales y una sociedad digital siempre conectada.

No ganamos lo suficiente, no comemos bien, nuestra apariencia o vestuario no son los que deberían, no tenemos los suficientes amigos y, si los tenemos, no nos estamos portando bien con ellos. Nuestras casas deberían ser mejores, igual que nuestros trabajos; deberíamos estar monetizando nuestros pasatiempos y entregándonos al autocuidado en todo momento, y prestar atención a todas las noticias para estar informados y preparados para lo que pueda pasar.

Es agotador.

Dados el ritmo y el estrés del mundo actual, no parece que aprender a que no te importe haber perdido el autobús vaya a suponer una gran diferencia. ¡El mundo está lleno de problemas gravísimos! ¿Acaso cambiará algo si de pronto no te importa que se te cuelen en el supermercado?

Pero la extraña verdad es que todas esas pequeñas cosas a las que no damos importancia sí marcan la diferencia. Nuestras vidas están hechas de momentos; ahora mismo, tu momento actual es estar sentado leyendo estas palabras. Hay otros momentos diminutos que te hacen sentir mejor o peor, y basta con que se acumulen los suficientes momentos desagradables para que sientas que el día de hoy, este mes o este año han sido una porquería. En uno de esos días malos en los que vienes de lidiar con los pequeños acontecimientos negativos de los días anteriores, puede que la vida se te haga un mundo.

Pero imagina una vida en la que todos esos momentos diminutos no te afecten y en la que desarrolles unos hábitos tan positivos en torno a esas nimiedades que, cuando ocurre algo grande, ya estás acostumbrado a verlo de otra forma. A pensar en lo que puedes y no puedes controlar. A tener en cuenta la inevitabilidad de la muerte y el valor de la vida. A reflexionar sobre la huella que quieres dejar en el mundo y en tu entorno. A saber lo fácil que resulta encontrar la felicidad, siempre que sepas cómo buscarla.

En mi vida he pasado por ciertos momentos en los que he sufrido. He tenido dificultades grandes y pequeñas, pero todas ellas me parecían pesadas y abrumadoras, y me convirtieron en un adolescente infeliz y ansioso, primero, y luego en un adulto agotado, negativo y enfadado. Tuve muchos problemas de timidez y ansiedad, y aunque me preocupaba sin parar sobre cómo comportarme y ayudar a las personas de mi entorno, el miedo y mis propios pensamientos siempre me paralizaban. Cruzaba la calle para evitar encontrarme a mis amigos y no acudía a eventos porque había estado pensando demasiado sobre lo que había dicho o lo que podría llegar a decir. Esa actitud me costó amistades, empleos y oportunidades. Dejé de comer, dejé de dormir y me convertí en un prisionero de mis propias limitaciones. Todos los libros de autoayuda que leía parecían escritos por alguien que desbordaba confianza en sí mismo, que siempre tenía una respuesta, que nunca dudaba de sus éxitos y que parecía estar a años luz de donde yo me encontraba.

Entonces descubrí el estoicismo.

O, mejor dicho, mi madre me descubrió el estoicismo. Era una madre soltera que criaba a siete hijos ella sola, una enfermera de pelo corto y rosa. Sigue siendo la persona más fuerte que he conocido.

En aquella época trabajaba como peón de obra, me pasaba horas desplazándome para llegar a un trabajo que no me gustaba, por un sueldo irrisorio y con un jefe con el que no congeniaba. Le pedía que al menos me pagara el sueldo mínimo y se negaba; me decía que si de verdad quería más dinero, iría a trabajar todos los fines de semana y no solo la mayoría de ellos. Tenía la sensación de que mi vida se me escurría entre los dedos, y cada día era como si me estuviesen despojando de mis planes de futuro y de mi ambición. Entonces, mi madre me regaló un libro. Nunca me había dado mucho por leer, pero me dijo que ya que tenía que pasar todas esas horas muertas en el autobús todos los días, y si al leer en marcha no me mareaba, ¿por qué no dedicarlas a la lectura? En aquella época era enfermera, y antes de eso había llevado un centro de rehabilitación para consumidores de drogas, así que muchos de sus libros trataban sobre recuperación, adicción y psicología, una colección poco habitual para animar a alguien a que empiece a leer. Pero poco a poco fui pasando de un libro a otro que escogía de su rebosante librería, y empecé a descubrir mundos con los que nunca había soñado, voces que jamás había imaginado. Un día me di cuenta de que ya no veía esas cuatro horas como una pérdida de tiempo, sino como un regalo que estaba recibiendo y que otros quizá ansiaban con todas sus fuerzas. Como una maldición reconvertida en bendición.

Un día, mientras esperaba el autobús a primera hora de la mañana, un barrendero se me acercó y me puso un libro delante. Debí de parecer confundido, porque me explicó que cada mañana me veía leyendo y que había encontrado ese libro encima de una papelera y me lo había guardado. No dijo nada más; se limitó a aceptar mi agradecimiento y se fue por donde había venido. No volví a verlo, pero ese pequeño gesto por parte de un extraño hizo que algo cambiase en mi cabeza. ¿Era posible que los demás no fuesen siempre un peligro en ciernes? ¿Podría ser cierto que la mayoría de las personas querían hacer algo bueno por los demás?

Con el tiempo llegué a las *Meditaciones* de Marco Aurelio. A primera vista parecía una lectura demasiado densa para alguien que un año antes apenas había abierto un libro: ¿un diario filosófico de dos mil años de antigüedad, escrito originalmente en griego clásico? Pero al empezar a leer, enseguida me di cuenta de que su forma de escribir era fascinante y que reflejaba a la perfección mi vida y la de las personas de mi entorno. Recuerdo un pasaje que leí en el que Marco Aurelio escribía acerca de su objetivo de ser «como la roca en la que las olas no dejan de golpear. Permanece inmóvil y el oleaje se amansa a su alrededor». Mi vida era tan turbulenta e incierta que la imagen mental de mantenerme inmóvil y seguro en un mundo inestable hizo que me detuviese por completo y me dio la pequeña esperanza de que mi futuro podría ser distinto de lo que había imaginado hasta entonces. Cuanto más leía, más me sorprendía de que aquella aclamada figura histórica, el último de los grandes emperadores romanos, fuese humano como yo y se preocupase por su familia, su carácter, su seguridad y sus compañeros. Por mucho que hubiese dirigido guerras y un imperio, su mayor preocupación era cómo podía llegar a ser el buen hombre que quería ser, y encontraba fuerza en la amabilidad, la justicia y el cuidado de los demás.

A mis ojos, si bien el estoicismo no respondía a todas mis preguntas, sí me llevaba a preguntar cómo podía vivir y morir de forma que el mundo fuera mejor para todos. Hablaba de honestidad y conexión, de autosuperación y simplicidad, de elección, fuerza y verdad.

Ahora, cuando pienso en algunos de mis comportamientos pasados, en cómo me sentía y en cómo reaccionaba ante las situaciones, es como si no fuese el mismo. Me paralizaba la idea de tener que entrar en una tienda, era incapaz de hablar con mis amigos, no iba a fiestas y me sentaba en silencio en el colegio. Era una sombra, un amasijo de ansiedad y miedo que a menudo era incapaz de hacer hasta lo más sencillo. Pero la filosofía estoica me hizo pensar de otra forma sobre absolutamente todo, incluido mi agotador e infrarremunerado trabajo en la obra. A pesar de su comportamiento, le había profesado una gran lealtad a mi jefe —quizá por el miedo a una alternativa desconocida—, pero gracias al estoicismo por fin me atreví a dejar ese empleo y emprender el camino hacia lo que de verdad quería.

A partir de entonces, mi vida cambió. Durante mi infancia, mi madre nos crio sola a los siete con cobradores de morosos llamando constantemente a la puerta. Siempre nos habíamos refugiado en el cine; no solo veíamos las películas, sino también todas las escenas adicionales de detrás de las cámaras que mostraban el rodaje y el trabajo previo, y todo lo que podíamos sobre cómo se hacían las películas. Así que emprendí un negocio con dos de mis hermanos dedicado a hacer películas para mejorar la vida de los demás, y soñaba con que Hollywood se rindiese a nuestros pies.

No tardamos en montar una oficina en el desván, un espacio que era más bien una madriguera y que estaba lleno de decoraciones navideñas. También era la habitación en la que dormía con otro de mis hermanos, en la que el aislamiento de fibra de vidrio de color rosa chillón sobresalía de los travesaños, y donde no podíamos ponernos de pie ni debajo del punto más alto del tejado. Ahorramos hasta el último penique que ganábamos con nuestros respectivos trabajos en la obra para comprar los ordenadores que necesitábamos para trabajar en Mulligan Brothers, una empresa audiovisual cuyo único objetivo era ser un motor de cambio. En verano encendíamos varios ventiladores para que los ordenadores no se sobrecalentasen, y pasábamos los inviernos trabajando y durmiendo ahí arriba, ataviados con varios abrigos y guantes, pero mis hermanos y yo estábamos totalmente entregados a nuestro plan. Mientras trabajábamos, yo seguía leyendo todo lo que podía sobre la filosofía estoica hasta que empecé a ver cómo, mes a mes, día a día, me iba aportando más felicidad y contento (cuando por fin la empresa dio frutos, entre todos pusimos dinero para comprarle la casa a nuestra madre como muestra de agradecimiento por todo lo que había hecho por nosotros).

Uno de los aspectos más interesantes del estoicismo es la idea de que se basa en hábitos prácticos, en unos pasos sencillos que se pueden ir construyendo día a día para crear un círculo vicioso: cuanto más accedemos a las ideas estoicas, más fácil nos será reaccionar de formas que nos dejen con una buena sensación y que hagan que las personas que nos rodean también se sientan mejor. Ocurre muy a menudo que nos mantenemos apegados a ciertas dificultades de las que somos conscientes —relaciones que no funcionan, trabajos que nos deprimen o amistades que no nos hacen felices— porque no sabemos si podemos tomar las decisiones correctas para dirigir nuestra vida hacia una situación mejor. A veces necesitamos que algo nos obligue a cambiar para descubrir una vida mejor, y si nuestra vida no ha mejorado desde un punto de vista objetivo, el estoicismo nos da la oportunidad de descubrir y desarrollar resiliencia, optimismo, perspectiva, sabiduría y felicidad.

¿Acaso no merece la pena intentarlo?

EN RESUMEN

El estoicismo consiste en desarrollar hábitos prácticos.

Basta con empezar a practicarlo para llevar una vida más agradable.

Capítulo 2

Los fundamentos

O las cuatro virtudes

> Uno no nace necesariamente con coraje, pero sí con potencial. Sin coraje no se puede ejercer ninguna otra virtud con regularidad. No se puede ser amable, auténtico, compasivo, generoso u honesto.
>
> MAYA ANGELOU[1]

En este libro hablaremos mucho sobre las cuatro virtudes —sabiduría, justicia, coraje y templanza—, pero primero debemos aclarar los distintos significados e interpretaciones que te ofrecen como estoico. Estas virtudes son el fundamento de todo lo que debería conformar el carácter, la guía de eficacia demostrada para ser buenas personas y la base misma del estoicismo. Los estoicos saben que al dar prioridad a estos valores no podemos equivocarnos: si nos comportamos como personas sabias, justas, valientes y moderadas, cuesta imaginar cómo podríamos llevar una existencia destructiva o infeliz, porque estas virtudes engendran contento, el cual a su vez las favorece aún más.

Es vital contar con estos fundamentos, porque le pongamos nombre o no, todos tenemos una base subconsciente que moldea cómo pensamos, nos comportamos y tratamos a los demás. Si no asentamos nuestros cimientos sobre una filosofía moral, sea la que sea, acabamos viviendo a través de la cultura popular, de las redes sociales, de personas de las que vemos apenas un pedacito de pasada, y terminamos dando prioridad a las posesiones, a la forma en que nos presentamos y a la acumulación. También podemos heredar nuestros deseos de nuestros padres, o puede que ejerzan cierta influencia en ellos, ya que por mucho que tengan las mejores intenciones, suelen transmitirnos que nuestros deseos «deben» coincidir con los suyos, y que tendríamos que querer seguir sus pasos: hay muchos hijos, por ejemplo, a los que se educa para que terminen trabajando en el negocio familiar. Pero ahora que los niños están expuestos a internet a edades cada vez más tempranas, las imágenes que ven los están influyendo más que sus propios padres y antes incluso de haber llegado a la adolescencia. El impacto de esas imágenes, el atractivo del dinero y de la atención echan unas raíces muy profundas en sus cerebros y subconscientes. Podemos copiar lo que vemos en internet para obtener la misma atención, pero nada de eso nos ofrece un marco real que nos diga cómo vivir o cómo crecer en la sociedad de una forma que nos beneficie a todos: cuando no nos están sacando fotos o no nos estamos dedicando a editar y diseñar las imágenes resultantes, ¿cómo vivimos? ¿Cómo nos comportamos en las situaciones difíciles? ¿Cómo somos cuando estamos solos, a puerta cerrada, sin cámaras ni móviles? ¿Cómo pensamos en el espacio de nuestras propias cabezas?

Las cuatro virtudes son una guía para cualquier situación, y podemos recurrir a ellas para dar con la acción más beneficiosa.

EJERCICIO

Esto es lo que conocemos como *modelo de virtudes* y se utiliza en muchas religiones y filosofías distintas. Puede que hayas visto u oído hablar de la pulsera con las siglas «WWJD» (por «¿Qué haría Jesús?» en inglés), que llevan los cristianos que se preguntan qué haría Jesucristo en situaciones difíciles.

Piensa en personas que conozcas, ya sean de la vida real o personajes de películas o libros, que consideres que reflejan las cuatro virtudes. No hace falta que pienses en una sola persona que las represente todas; quizá te sea más sencillo pensar en cuatro personas, cada una de las cuales simboliza para ti una de estas virtudes. Puede ser alguien de tu familia, un profesor, un amigo, un compañero de trabajo... O quizá un personaje ficticio o alguien como David Attenborough o Rosa Parks. Hazte una idea mental bien clara de cada uno en relación con la virtud que le hayas asignado y piensa en su forma de hablar, reaccionar o comportarse.

La próxima vez que te encuentres ante una dificultad, busca un hueco en tu mente y pregúntate qué haría esa persona en esos momentos. ¿Cómo hablaría? ¿Puedes reflejar su virtud en este instante gracias a su ejemplo?

> Si la virtud promete buena fortuna, tranquilidad y felicidad, sin duda, todo avance hacia la virtud es un acercamiento a todo ello.
>
> EPICTETO

Epicteto sabía que el camino es igual de importante que el destino, si no más. Esforzarnos por alcanzar la virtud ya nos beneficia; el estoicismo jamás ha de consistir en alcanzar o no la perfección, sino en practicar los hábitos de las virtudes y en ser testigo de los beneficios que aportan a todo nuestro entorno cuando actuamos a partir de ellos. La sabiduría, la templanza, el coraje y la justicia pueden sonar abstractos —¿cómo me levanto por la mañana y practico la sabiduría?—, pero a medida que avanzamos hacia ellos vamos obteniendo unas sensaciones más concretas que podemos reconocer como positivas y alcanzables: felicidad, honestidad, generosidad...

En la antigua Grecia, una de las formas que se utilizaban para representar las virtudes era un tetramorfos, una imagen de cuatro animales que simbolizaban cada virtud: un hombre para la sabiduría, un león para el coraje, un águila para la justicia y un buey para la templanza. Pero incluso si pensamos en lo que en el mundo de hoy podríamos asociar o no con cada animal, ¿entendemos qué ideas más profundas podemos relacionar con cada virtud?

La sabiduría, por ejemplo, también puede significar tener una mente ducha en el cálculo, ser ingenioso, discreto, sutil, habilidoso y tener sentido común. Es la capacidad de reconocer lo que está y lo que no está en nuestro poder, lo que es bueno y malo, y sirve como piedra angular para el conjunto de las cuatro virtudes. Si sabemos qué nos ayuda a crecer, entenderemos mejor nuestra propia naturaleza y lo que beneficia a todo nuestro entorno. Además, en el estoicismo, la sabiduría no es binaria: no es que unos nazcamos sabios y otros necios, y que así nos quedemos para siempre. Como ocurre con cualquier virtud, y de hecho con cualquier habilidad, la sabiduría se puede practicar y mejorar. ¿Y por qué no íbamos a querer mejorar una habilidad? Para empezar, debemos practicar, entender qué es la sabiduría y cuál es el significado de las virtudes, y dejar que estas guíen nuestras acciones.

Como con cualquier habilidad nueva, lo que más cuesta es empezar, pero también es entonces cuando más aprendemos. El crecimiento solo puede surgir de los desafíos. Nos juzgamos a nosotros mismos con nuestros monólogos internos y nuestras intenciones, pero a los demás los juzgamos según sus acciones externas y su comportamiento. Todos sabemos que cuando hemos hecho algo «mal», hemos tenido una excusa o al menos una razón para hacerlo de tal forma. Estábamos estresados, se nos malinterpretó, estábamos ayudando a un tercero; en cambio, cuando el que hace algo «malo» es otro, solo lo juzgamos según lo que vemos. Desconocemos las justificaciones y el diálogo interior que lo han llevado a actuar así, de forma que nuestro juicio suele ser duro e incluso profundamente injusto. De igual modo, la imagen que percibimos de alguien no es lo mismo que su talla moral. Los «andares agresivos», la tosquedad al hablar o la ropa desaliñada no convierten a nadie automáticamente en mala persona, pero el capitalismo nos ha condicionado para pensar que los símbolos del estatus social reflejan la talla moral. Piensa en los banqueros que ganan miles de millones aprovechándose de los demás en las crisis financieras del mundo occidental: sus formas de hablar, su vestuario, sus coches y sus casas transmiten la sensación de que deben de ser buenas personas y que simplemente usan el sistema según se ha diseñado para explotar a los demás en su beneficio propio. El problema no son sus valores, sino el sistema. Compáralo ahora con las personas que viven de ayudas, un grupo al que los medios no dejan de demonizar. En general son seres que están pidiendo recursos de una forma legítima para poder proporcionar un techo y un plato de comida a sus familias: están utilizando el sistema tal como se ha diseñado porque nuestro sistema no les permite sobrevivir de otra forma. Pero ellos deben de ser de moral floja, y seguramente corruptos, porque ¡mira la ropa que llevan, cómo hablan y cómo viven! En lo referente a las divisiones de clase en la sociedad, hemos perdido de vista la sabiduría objetiva.

¿Cuántas veces has visto a alguien que proclamaba con voz alta y clara una postura moral acerca de una posición social en internet? Da igual que sea en un pie de foto en Instagram o librando una batalla ética en Twitter, se ponen a discutir con alguien que está dando pasos concretos para ayudar a una organización benéfica o a un grupo vulnerable solo porque no ha usado las palabras adecuadas. Tengo un amigo que ayuda a los animales y lleva quince años siendo vegano, y hace poco tuvo esta misma experiencia al comentar la publicación de un tercero en internet. La persona en cuestión había compartido imágenes de una vaca que estaba siendo maltratada por un granjero, y mi amigo comentó que a los animales que se crían en fábricas les pasan cosas mucho peores a todas horas. Enseguida se vio atacado por una avalancha de gente que le decía que era lo peor, que era mala persona, que cómo podía odiar tanto a los animales...; es decir, la típica reacción calmada y racional que suele verse en los debates de internet. Lo dejó totalmente asombrado que un grupo de carnívoros de internet estuvieran haciendo escarnio de él, alguien que lleva tanto tiempo preocupándose por el bienestar animal y que solo había tratado de señalar la falta de bienestar en gran parte del sector ganadero, y que le dijeran que el problema era él porque sus palabras no habían sonado bien entre las típicas fanfarronerías que muchos sueltan en internet.

Puede que un activista de un barrio desfavorecido no utilice la terminología que se considera adecuada en los tiempos que corren, pero al poner en marcha un grupo de cuidadores jóvenes de la zona, estará haciendo mucho más bien que alguien que solo se dedica a teclear y cuya única «acción» es pelearse con otro en internet sobre el vocabulario que emplea. Las terminologías cambian constantemente, pero hacer que alguien se sienta mejor en su situación y con su propia vida puede tener un efecto positivo que se extienda mucho más de lo que podamos imaginar. El único legado de los guerreros del teclado es haber sembrado más polémica en el mundo.

Lo cierto es que las personas que tienen pensamientos buenos y positivos y que se consideran «buenas personas» pueden llevar a cabo «acciones malas». Puede que, llevadas por el egoísmo o la ignorancia, actúen de una forma que provoque un gran sufrimiento, pero como su monólogo interior es amable y moral, creen que a pesar de todo son buenas. Asimismo, hay quienes tienen pensamientos negativos y duros que actúan de forma positiva constantemente, pero como su monólogo interior es tan sumamente crítico y oscuro, les cuesta considerarse algo que no sea una mala persona. Visto desde fuera, el impacto que ejercen en el mundo es lo contrario de lo que ven: las personas «malas» se verían como «buenas», y viceversa. En última instancia, nuestro monólogo interior y nuestras justificaciones internas carecen de significado, y para entender esta realidad nos hace falta tener sabiduría. Lo que importa son las acciones, no los pensamientos ni el razonamiento ni la autopercepción. Recuerda la famosa instrucción que se dio Marco Aurelio a sí mismo: «No malgastes más tiempo discutiendo sobre cómo debería ser un buen hombre. Sé ese hombre».

La templanza también incorpora la modestia, el autocontrol y la buena disciplina. Podemos sacrificarnos al servicio de la sabiduría y del coraje, evitar la avaricia y la vanidad, ser honestos sobre lo que de verdad necesitamos y limitar nuestros deseos a aquello que decidamos a través de un juicio razonable. La templanza no se basa solamente en aplicar autodisciplina a ciertas decisiones: por ejemplo, pasarnos tres horas en el gimnasio para justificar el consumo de comida basura que nos hace sentir peor no tiene nada de templanza. Dedicarnos a trabajar más horas para poder llegar más lejos profesionalmente a costa de la relación con nuestra familia y nuestros amigos no es templanza; quedarnos en el sofá todo el fin de semana y no salir a que nos dé el aire o a ver a nuestros amigos tras una dura semana de trabajo, tampoco. Puede que al principio cueste encontrar el término medio, pero como todo en el estoicismo, cuanto más practiquemos, más sencillas se volverán nuestras acciones y decisiones.

Recuerdo que al poco de empezar a trabajar con mis hermanos, sentía que tenía que hacerlo a todas horas. Me parecía que invertir todo mi tiempo y energía en un negocio con el que llevábamos tanto tiempo soñando demostraba mi autodisciplina en el mejor sentido del término, y que si tanto lo quería, tendría que esforzarme mucho para conseguirlo. Pero lo cierto es que no tardé en darme cuenta de que estaba agotado y era poco eficiente. El quid de la cuestión no era sacrificar todo lo demás —amistades, relaciones, ejercicio físico y horas de sueño—, sino encontrar el término medio de la templanza. En cuanto me di cuenta de ello, no me costó ser consciente del equilibrio que necesitaba en cualquier situación: a veces era un día de trabajo intenso y de ejercicio físico, y otros días necesitaba relajarme con mis amigos y no pensar para nada en la oficina. En la vida, todo es mejor cuando hay equilibrio.

El coraje abarca los hábitos de la alegría, la resistencia, la seguridad, la diligencia y el mantenimiento de los principios morales, y requiere que hagamos un hueco en nuestra mente en el que enfrentarnos a nuestros miedos y gestionar y convivir con los sentimientos difíciles, entre ellos, el hambre, el dolor o el cansancio. Cuando Musonio Rufo, profesor de Epicteto y gran filósofo estoico, fue desterrado por el emperador Nerón a la inhóspita isla de Giaros, celebró la oportunidad que el lugar le ofrecía para practicar y afinar sus principios estoicos y disfrutar de la compañía ocasional de otros colegas filósofos. No hace falta que te vayas a una isla desierta y remota para encontrar tu coraje estoico interior, pero no te irá mal recordar que el miedo nos hace mucho más daño que casi cualquier cosa a la que temamos, y que el coraje hace que tanto el miedo que nos puede llegar a paralizar como el dolor de cargar con él desaparezcan. Sabemos que hay fuerzas ajenas a nosotros que pueden manipularnos, y una de las más potentes es el miedo. Cuando vemos las noticias, y se nos dice una y otra vez que el mundo es un lugar terrible que está lleno de posibles enemigos, es fácil que cunda el pánico y que respondamos de formas irracionales. Pero el coraje hace que dejemos de sentirnos perdidos y abrumados, nos devuelve la claridad mental y la perspectiva, y nos señala la dirección correcta. Construir el hábito de ser valientes significa que podremos comportarnos con coraje incluso ante las dificultades, y cuanto más lo hagamos, más automático nos resultará. Es una virtud que merece mucho la pena practicar.

De niños carecemos de entendimiento, experiencia y habilidad, y cuando nos sentimos abrumados o necesitamos expresarnos, a menudo lo que salen son gritos y llantos incontrolados. A medida que crecemos (en general), aprendemos que la comunicación más calmada nos permite conseguir lo que queremos de una forma mucho más adecuada, y utilizamos nuestras experiencias y nuestra sabiduría para desarrollar nuestras reacciones. Teniendo esto en cuenta, ¿por qué no ponemos el mismo énfasis en un desarrollo que nos aleje del miedo? Conforme he ido creciendo, he intentado usar la razón para separarme del miedo que me impedía hablar con los demás, salir y probar cosas nuevas. El coraje es necesario para derrotar el miedo, y un estoico verdaderamente sabio sabe que por muy útil que nos fuese el miedo para evolucionar, no lo es tanto a la hora de enseñarnos a comportarnos en sociedad.

Por último, está **la justicia**, que, aunque pueda hacernos pensar que tenemos la responsabilidad de integrar el sistema jurídico en nuestras vidas cotidianas, también puede representar las ideas de la honestidad, la ecuanimidad, la equidad, la piedad y la imparcialidad en el trato, que es mucho más fácil que lo primero, supongo. En nuestra vida diaria, es fácil esforzarnos por ayudar a los demás, hacer el bien, buscar el beneficio común (recogiendo basura, por ejemplo), tratar de ser amables y justos y evitar la rabia. Al desarrollar el hábito de actuar de una forma que resulte justa y que ayude a los demás, mejoramos infinitamente nuestras propias vidas. Piensa en el peso que te quitarás de encima si te sale de forma automática ayudar a quienes consideras tus enemigos. Pronto te quedarías sin enemigos (da igual que ellos lo vean como tú o no, porque el problema habrá desaparecido de tu mente). Los estoicos creen que la justicia es la más importante de las virtudes, ya que sin ella solo actuamos en nuestro propio beneficio (aunque Maya Angelou quizá no esté de acuerdo).

Llegados a este punto, ¿te parecen estas virtudes algo más alcanzables? ¿Puedes ver cuántas manejas ya en tu vida diaria?

Otra forma de verlas es como los aspectos funcionales y fundacionales del estoicismo. Si no cuentas con un fundamento en el que basar tus acciones y reacciones, vendrá alguien que te proporcione uno y dicte cómo debes comportarte en el mundo. Estas virtudes no son meros conceptos, sino herramientas de conducta para llevar una vida estoica:

- La **sabiduría** es esencial para saber qué está y no está en tu poder, y lo que es bueno y malo en el mundo.
- El **coraje** es esencial para actuar a partir del propio conocimiento y de la sabiduría.
- La **justicia** es esencial para compartir y difundir las cuatro virtudes y la filosofía del estoicismo.
- La **templanza** es esencial para mantener las prácticas y los hábitos adquiridos.

Juntas son como las cuatro patas de una silla y mantienen los hábitos estoicos estables, firmes y funcionales. También ofrecen información sobre los cuatro vicios, es decir, los comportamientos y las elecciones que deberíamos evitar:

La **necedad.**
La **cobardía.**
La **injusticia.**
La **intemperancia.**

Las cuatro virtudes son una forma útil de resumir lo que pretendían enseñar los estoicos y constituyen un método muy práctico para moldear nuestra persona, nuestras opiniones y nuestras acciones, para emprender el camino hacia la *eudaimonia*. Y quizá ahora te preguntes qué es eso de la *eudaimonia*.

EN RESUMEN

Las virtudes son una guía para llevar a cabo buenas acciones.

Deja que la sabiduría, el coraje, la templanza y la justicia constituyan los cimientos sobre los que empezar a construir.

Capítulo 3

La alegría de ser feliz

O todos somos iguales

> Somos lo que hacemos una y otra vez. La excelencia, pues, no es un acto, sino un hábito.
>
> ARISTÓTELES

Todos queremos ser felices. Nos pasamos toda la vida persiguiendo la felicidad de la forma que sea: un ratito más en la piscina de bolas, una cerveza más o una tarde más mirando el móvil. Más que el dinero, más que los objetos materiales, lo que queremos es ser felices. ¿Acaso no es esa la razón de ser de este libro?

Los estoicos creían que existía un camino que llevaba a la felicidad, una senda bien definida y sencilla de seguir (no necesariamente fácil, pero sí sencilla). Creían en la búsqueda de la *eudaimonia*, cuya traducción más precisa sería «florecimiento humano». La felicidad no era un estado que se alcanzase a base de cuidar de uno mismo y cumplir tantos de los propios deseos como fuese posible, sino que se lograba llevando una vida enmarcada en este triángulo de acciones:

Al mantenerte dentro de estos tres puntos, los estoicos creían que era posible encontrar la armonía en tu yo interno y con tu entorno, y que de este modo verías tu felicidad crecer día a día.

Fijémonos en estas tres acciones:

1. **Asumir la responsabilidad.**
   Todos nos enfrentamos a dificultades en la vida, ya sean mayores o menores. Pero lo que nos pone en camino a la *eudaimonia* es asumir la responsabilidad de los pasos que damos después de pasarlas. ¿Dejamos atrás los lamentos y las recriminaciones? ¿Nos cuidamos física y mentalmente cuando y como nos hace falta? ¿Interactuamos con el mundo de una forma que asume la res-

ponsabilidad de aquello que podemos y no podemos controlar? Lo que nos lleva a...

2. **Centrarnos en lo que podemos controlar.**

   En el capítulo siguiente hablaremos del control que tenemos sobre el mundo. Tenemos un control muy limitado, o nulo, sobre el momento en el que nacemos, morimos, padecemos ciertas enfermedades o accidentes, la buena o mala suerte que tenemos, el pasado que nos toca vivir, los acontecimientos globales y las catástrofes naturales, y las decisiones que toman los demás, entre muchas otras cosas.

   Lo único que podemos controlar son nuestras opiniones, acciones, decisiones y motivaciones, así como nuestro propio carácter. Por eso, aunque podemos sentirnos constreñidos por el hecho de tener tan poco control sobre algo tan grande e importante como es nuestra propia vida, también es liberador saber que esta limitada lista es algo que sí podemos gestionar y en lo que podemos centrar nuestra atención.

3. **Vivir con *areté*.**

   El concepto de *areté* suele traducirse como «excelencia» o «bondad», y más específicamente, en este contexto, hablamos de la excelencia que surge de seguir las cuatro virtudes: la sabiduría, la justicia, el coraje y la templanza. Los estoicos creían que, al seguir estas virtudes, se emprendía de forma natural el camino hacia la *eudaimonia*, porque al propiciar la sabiduría, la justicia, el coraje y la templanza en la propia vida (y en las vidas de los demás), se hallaban la paz interior y la felicidad que trae consigo el florecimiento humano natural.

Existe una parábola clásica sobre un momento en el que Hércules, el gran héroe griego, se encuentra ante un cruce de caminos. Allí, dos diosas lo invitan a que decida entre un camino u otro. La diosa del vicio, Kakia, le promete una vida fácil y placentera, mientras que la diosa de la virtud, Areté, le ofrece una vida difícil pero gloriosa. Naturalmente, Hércules, como todo buen dios griego, escoge a Areté y padece una serie de laboriosas tribulaciones antes de alcanzar el estado de semidiós. Pero lo que esta historia nos dice es que, incluso hace ya dos mil años, los filósofos entendieron que, en general, lo fácil no es lo mejor.

El investigador sobre sostenibilidad y estoicismo Kai Whiting cree que, como estoicos, tenemos el deber de esforzarnos por alcanzar el ideal del florecimiento humano. Aunque es un concepto parecido a la aspiración budista por llegar al nirvana, que a menudo se ve como la libertad que ofrece el ciclo del renacimiento o como una liberación espiritual, el nirvana es un objetivo que se alcanza (o no), puede que tras muchas vidas de esfuerzo. La *eudaimonia,* en cambio, es un camino que puede empezar a seguirse de inmediato. No después de muchas vidas, sino *ya mismo.*

La *eudaimonia* estoica empieza en el momento en que entras en ese triángulo. No hace falta haber perfeccionado las cuatro virtudes: ni siquiera hace falta haber perfeccionado la aceptación de lo que puedes y no puedes controlar, y no hace falta que te hayas hecho responsable de todos los aspectos de tu vida. Basta con que decidas que quieres seguir las ideas de la *eudaimonia* para ponerte en marcha. Yo lo comparo con un bonito haz de luz dorada: no está a kilómetros de distancia y no requiere varias vidas de aprendizaje. Puedes dejarte bañar por él ahora mismo y hacerte más fuerte por el mero hecho de estar en su interior. Y cuanto más tiempo permanezcas en esa luz, mejor se te dará esforzarte por llevar a cabo las tres acciones.

El placer que se obtiene de perseguir los propios deseos solo puede existir cuando el objeto de deseo está presente, e incluso en la presencia de tu deseo, el placer puede menguar, haciendo así crecer el deseo. No podemos depender de agentes externos para ser felices, porque si lo externo desaparece, también desaparece el placer que nos proporcionaba. En cambio, cuando nos apoyamos en aquello que nos es propio, como la sabiduría, la razón, la integridad y el amor por la verdad, por naturaleza nada de ello puede arrebatársenos. Es nuestro. No es sensato apoyarse en algo que se nos pueda dar o arrebatar.

Marco Aurelio, además de ser el autor de las *Meditaciones*, era emperador del Imperio romano. Gozaba de una riqueza y de un poder insondables y no le hacía falta contenerse en ningún sentido, pero gracias a su estudio del estoicismo, reconocía que su posición no era más elevada que la de su predecesor en la filosofía, Epicteto, quien había nacido esclavo años atrás. Según los principios estoicos, Epicteto tenía, de hecho, más acceso a la *eudaimonia*, porque tenía menos riqueza. Los filósofos señalaban que la fama y la fortuna pueden obstaculizar el camino hacia ella, ya que podemos vernos tentados de ser demasiado indulgentes y caer en la avaricia y los excesos. ¿Con cuánta más facilidad podría Marco Aurelio desviarse de la templanza y de la justicia al tener como tenía todo el oro, el vino, las joyas y el poder que pudiese imaginar? Y es que el carácter se basa en aquello que sí puedes controlar, no en tu apariencia, tu familia, el oro, el vino o el poder que puedas poseer, ni en el número de seguidores o de «me gusta» que acumules. Todo eso son elementos superficiales que tienen más que ver con la suerte que con cualquier otra cosa, mientras que el carácter es algo que día a día vas forjando y tratando de mejorar. Por eso, un buen carácter es digno de admiración, porque ha surgido únicamente de las decisiones y las acciones de uno mismo.

A mí me parece que aceptar de verdad esta idea de forma profunda nos libera. Ver a los millonarios y milmillonarios en sus aviones privados, casas enormes, coches impresionantes y siempre de vacaciones en enclaves tropicales puede ser demoledor. ¿Cómo íbamos a competir con nada de eso? Está claro que no podemos, pero tampoco nos hace falta. En realidad, por ridículo que suene, deberíamos compadecernos de ellos. Se lo están pasando en grande, pero están a años luz de vivir una buena vida. Puede que sus días se caractericen por la riqueza y las comodidades, pero ¿qué hueco están intentando llenar con todos estos excesos? ¿Qué persona rica ha dicho jamás que un día tras otro de lujos incontrolados la ha hecho sentir más feliz, más realizada y más en paz consigo misma? Tanto si nos fijamos en la enorme brecha que separa sus ingresos de los de la gran mayoría de la población como si reparamos en la actividad que lleva a cabo para ganar ese dinero, el caso es que no parece demasiado ético.

Los «me gusta» y la atención que obtienen de vivir y publicitar sus días de lujo son sumamente efímeros, y lo único que sacarán de ellos es todavía más ansias: más ansias de atención, de lujo y de exclusividad. Satisfacer sus deseos los deja vacíos porque con todos sus esfuerzos no consiguen nada que enriquezca su mente o su espíritu. El placer no es lo mismo que la felicidad: por naturaleza, el placer es algo que pasa rápidamente y cuya búsqueda es vacua, porque el propio placer lo es, y solo nos hace sentir mejor durante un breve momento. Es una montaña rusa que nos da unas subidas increíbles seguidas de unas bajadas desgarradoras durante las que solo podemos pensar en la siguiente subida, ya sean los superricos que quieren un yate aún más grande o un trabajador de a pie que vive por y para los excesos del fin de semana. El placer no ofrece regularidad, sino una infinita carrera por alcanzar algo que en realidad no existe.

Es cierto que nosotros podemos enfrentarnos a unas dificultades económicas que los superricos quizá no lleguen a comprender nunca, pero la parte positiva es que contamos con más claridad mental y menos distracciones que nos alejen del triángulo de la *eudaimonia*. La paz interior es lo único que nos proporcionará una felicidad constante.

Hace unos años, descubrí al maestro Shi Heng Yi gracias a su charla TED sobre el autodescubrimiento. Se crio en Alemania con sus padres vietnamitas, y había asistido al templo *shaolin* para estudiar kung-fu y *qi gong*. Tras terminar varias carreras universitarias, Shi quería seguir con la disciplina *shaolin* y fundó un templo en Europa, en Otterberg (Alemania). Me puse en contacto con él con la idea de que podríamos participar juntos en una película que nuestra empresa podría compartir.

Cuando visité el templo *shaolin* en Alemania, el maestro Shi Heng Yi conversó conmigo durante horas, con fluidez, extendiéndose sobre muchas ideas en torno al desarrollo mental, el crecimiento espiritual y la unión del cuerpo y de la mente. A pesar de decir que no había oído hablar del estoicismo, reconoció que muchas de sus ideas se reflejaban en la doctrina *shaolin*. Durante nuestra conversación, me explicó que, a pesar de sus túnicas, su discurso elocuente y el hecho de que otros consideraban que estaba en la cúspide de la jerarquía del templo, por la noche él se desnuda y se ducha como cualquier otra persona. Bajo la presentación que dejamos que el mundo vea, no somos más que nuestro carácter; por dentro, todos somos exactamente iguales. Al cabo de un rato me llevó a la sala del altar del templo, un espacio precioso decorado con velas y una estatua enorme de un buda dorado. Observamos a un grupo de personas hacer cola ante la estatua e inclinarse ante ella, pegando el rostro al suelo y recitando su mantra. Después, el maestro Shi Heng Yi me dijo: «Ese buda no es más que plástico. El ejercicio sirve para recordarnos que debemos ser humildes, que nadie es demasiado especial como para no inclinarse ante un pedazo de plástico, sea cual sea nuestra posición dentro de la sociedad del templo». Incluso allí, en la sala del altar del templo, con el maestro *shaolin*, todos éramos iguales. No era capaz de imaginar que aquella misma paz y consideración pudiese encontrarse en la vida de alguien que se dedica a acumular poder y riqueza. De hecho, los índices más elevados de depresión, ansiedad y autodestrucción en todas sus formas se observan en los países más ricos. La psiquiatra y experta en adicciones a los opiáceos Anna Lembke ha dicho que los países más acaudalados del mundo «han sobrecargado las zonas de recompensa del cerebro con demasiada dopamina», es decir, que la falta de esfuerzo para hallar «cosas buenas» —ya sea un árbol repleto de fruta, una distracción colorida o un estímulo nuevo— hace que estemos constantemente ajustando lo que nuestro cerebro considera «normal» al alza. Desde el punto de vista neurológico, cuanto más tenemos, más nos cuesta ser felices con lo que tenemos, porque nuestros cerebros se ajustan a ese grado de comodidad y nunca se acomodan hacia «abajo» con ninguna de las dificultades normales y evolutivas que entraña encontrar fruta fresca, o una distracción o un estímulo. Este acceso constante y fácil a recompensas potentes hace que «todos seamos más infelices, padezcamos más ansiedad, estemos más deprimidos, más irritables, seamos menos capaces de disfrutar de aquello que solía hacernos sentir bien o que ha sido una fuente de disfrute desde hace generaciones, y también [nos ha hecho] más susceptibles al dolor».[2] La tecnología moderna ha moldeado el cerebro humano de forma que nos es científicamente más difícil ser felices cuando lo usamos.

Cuando mis hermanos y yo empezamos a montar nuestro negocio, la oficina que teníamos en el desván de nuestra madre era muy básica y trabajábamos muchas horas. Teníamos muy claro lo que queríamos: comprar nuestro propio estudio donde disponer de espacio para la grabación y la edición. Trabajamos mucho y finalmente tuvimos la suerte de poder comprar el estudio. Entonces pasamos mucho tiempo dejándolo justo como lo queríamos, canchas de baloncesto incluidas. Era, literalmente, un sueño hecho realidad. Pasé un día disfrutando de todo ello, pero entonces me sobrevino una fuerte sensación de «uy...». Después de trabajar tantísimo, resultó que conseguir lo que queríamos no lo era todo.

Cuanto más deseas, más tienes que admitirte a ti mismo que lo que tienes en ese momento no es suficiente. Si caes en el hábito de pensar de esta forma, incluso cuando consigas lo que quieres, no te parecerá suficiente. Ese día lo descubrí en mis propias carnes. En mi mente, ese estudio era lo único que necesitaba para ser verdaderamente feliz, y no sería feliz hasta conseguirlo. Por desgracia, ni siquiera al tenerlo iba a ser feliz, porque «conseguir» algo raramente es la solución, da igual de qué se trate. Habíamos conseguido nuestro objetivo, pero perdimos la esperanza de que «eso» fuera a solucionarlo todo. Y no fue así, porque no hay nada que lo solucione todo.

EJERCICIO

Piensa en las cuatro virtudes: ¿hasta qué punto crees que las sigues en el día a día?

- ¿Puedes aumentar tu sabiduría o el respeto por ella en los demás?
- ¿Puedes mejorar tus acciones cotidianas para acercarlas más a la ecuanimidad y propiciar la justicia en el mundo?
- ¿Puedes reforzar tu coraje, ya sea en el trabajo o en tus relaciones, para alcanzar tus objetivos o apoyar a un desconocido?
- ¿Puedes integrar la templanza en tu vida, disfrutando, pero no en exceso; probando cosas nuevas, pero manteniendo cierto sentido de la estabilidad?

Si tienes presente todo lo anterior cada día durante una semana, ¿notas algún cambio en tu vida? ¿Crees que tu camino te está llevando a la *eudaimonia*?

El bienestar se obtiene a base de pasos pequeños, pero no es algo menor.

ZENÓN

Pero ¿qué sentido tiene todo esto si nunca llegarás a alcanzar la perfecta *eudaimonia*? La diferencia entre este y muchos otros caminos hacia la iluminación es que los estoicos no nos marcamos un punto final como objetivo. Para nosotros, se trata de un triángulo en el que enmarcar nuestra forma de vivir; a veces, estamos más cerca de los bordes, o en una de las esquinas, o quizá hemos estudiado a fondo el estoicismo o mostramos una tendencia natural hacia estas filosofías y nos dirigimos hacia el centro del triángulo. Nos equivocaremos, juzgaremos, en ocasiones seremos avaros e injustos si tenemos un mal día, pero nada de ello significará que hayamos echado por la borda el trabajo anterior. No tenemos que posponer empezar porque todavía no hemos conseguido ser perfectos. Es una rutina, un hábito que desarrollamos cada día al poner en práctica los principios estoicos y emplear las cuatro virtudes para propiciar nuestras propias acciones positivas, en lugar de considerarlas un objetivo que «alcanzar».

Y lo mejor del estoicismo es que no solo nos beneficia a nosotros como filósofos, sino que beneficia a todo el mundo. Al centrarnos en la *eudaimonia*, quienes florecemos somos todos los humanos; no es autocuidado, sino un cuidado universal que alimenta la conexión, la educación, la empatía y la generosidad.

Paso bastante tiempo en internet esforzándome por difundir el mensaje del estoicismo, pero como te dirá cualquiera que utilice las redes, tu mera presencia atraerá mensajes negativos que de otra forma podrías evitarte. Hay épocas en las que recibo mensajes de odio a diario, comentarios públicos o mensajes privados tóxicos sobre mi trabajo y mi persona. Antes, la rabia y las críticas que contienen me habrían dejado fuera de combate durante semanas; ahora, utilizo la ética de la virtud —dejo que las cuatro virtudes guíen mis acciones— para interactuar con las personas que me escriben para tratar de entenderlas y prestarles apoyo. Si creo que padecen cierta ceguera moral en este ámbito en concreto —es decir, creen que está bien enviar un mensaje negativo a alguien y hablarle de esta forma—, forma parte de mi estoicismo hacerme responsable de entablar un diálogo y ayudarlas.

No siempre es fácil, pero cuando veo que me cuesta, hago como si fuese un juego que consiste en convertir su mensaje en algo positivo, en interactuar con ellos con amabilidad para que se sientan mejor. Lo que de verdad me sorprende no es que este método me haga sentir muchísimo mejor —aunque así es—, sino cuántos me responden con una disculpa, una explicación de su comportamiento y la aceptación del principio estoico que he usado en mi propio mensaje. Cuando recibo este tipo de respuestas, me hacen feliz y me animan a seguir adelante. Ahora, cuanto peor es el mensaje, más me emociona el reto. ¿Hay algo de cierto en lo que dicen? ¿Puedo ayudar a que se sientan mejor? Algo con lo que antes lo pasaba fatal, ahora me hace disfrutar.

> Por experiencia sabes que en todas tus divagaciones no has encontrado la buena vida: ni en la lógica, ni en la riqueza, ni en la gloria ni en la indulgencia; en ninguna parte. ¿Dónde, pues, hemos de hallarla? Al hacer lo que exige la naturaleza del hombre. ¿Y cómo hemos de hacerlo? Con unos principios que gobiernen los impulsos y las acciones. ¿Cuáles son dichos principios? Los del bien y del mal: la creencia de que nada es bueno para un ser humano si no lo hace justo, templado, valiente y libre, y que nada es malo si no lo convierte en todo lo contrario.
>
> MARCO AURELIO

Somos unos seres asombrosos, y a menudo no somos conscientes de lo habilidosos y fuertes que somos y del potencial que albergamos. Según el estoicismo, todo lo que necesitamos mental, emocional y espiritualmente está en nuestro interior.

En realidad, lo que queremos es lo que es bueno para nosotros. Aunque tengamos antojos o adicciones al azúcar, a las drogas, al alcohol o a cualquier sustancia o comportamiento que resulte nocivo en exceso, nuestras mentes buscan constantemente un camino intermedio que siga las cuatro virtudes, y casi todos nos sentimos mejor que nunca cuando tratamos de ser justos, moderados, valientes y sabios. Estamos expuestos a constantes presiones externas y distracciones que tratan de apartarnos de la *eudaimonia*, pero la elección es nuestra: somos libres de escoger entre un camino positivo en el que nuestras rutinas mejoren nuestra vida y la de quienes nos rodean, en el que vivimos en el presente y disfrutamos de cada momento, o el camino del vicio, caracterizado por la necedad, la injusticia, la cobardía y la desmesura.

Los estoicos entendían que hay cosas buenas —las cuatro virtudes— y malas —los cuatro vicios—, y que el resto no es más que una indiferencia que existe para que la usemos de tal forma que case, o bien con los vicios, o bien con las virtudes. Es decir: la riqueza no es mala en sí misma, pero ¿cómo la has obtenido? ¿Cómo la mantienes o la amplías? ¿Cómo la utilizas? Asimismo, la buena salud no es necesariamente «buena»: ¿qué hay de la buena salud de un dictador terrible? ¿O del cuerpo fuerte de un familiar anciano cuya mente está totalmente deteriorada y que no quiere seguir viviendo su declive? En cambio, cuando hablamos de sabiduría, coraje, justicia y templanza, nunca se tiene demasiado; por definición, son positivos para todos. Y si trabajamos a diario en ese triángulo de la *eudaimonia*, el hábito nos acercará cada vez más a las virtudes, de forma que nos arrebaten lo que nos arrebaten —ya sea nuestro dinero, buen nombre, empleo, familia u hogar—, seguiremos teniendo nuestros hábitos y la libertad de escoger el camino de la *areté*. Y lo mismo ocurre con todos esos aspectos distintos de nuestra vida, los puntos indiferentes que están ahí para que les demos una forma buena o mala; en nuestra mano está decidir cómo utilizarlos.

La *eudaimonia* hace que cada día sea un camino hacia la positividad y no una carrera hacia un objetivo final, un camino que favorece unas rutinas vitales mejores y engendra más felicidad. ¿Y no es eso lo que todos queremos al final?

EJERCICIO

Piensa en Hércules ante el cruce de caminos: ¿cómo puedes escoger el camino de la *areté*?

Fijémonos en cómo usas el móvil, por ejemplo. Si redujeses su uso a la mitad, o incluso más, ¿hasta qué punto tu vida sería distinta tras un día, una semana o un año?

Si ahora mismo pudieses ver dos versiones de ti mismo tal como podrías ser dentro de diez años —la que ha seguido el camino del placer y la que ha seguido el camino hacia la *eudaimonia*—, ¿crees que serías capaz de identificar inmediatamente las diferencias entre ambas? ¿Cuáles crees que serían esas diferencias?

Tras dedicar un solo día a tomar decisiones que te acerquen a la *areté*, ¿te sientes diferente?

EN RESUMEN

A ojos del estoicismo, todos somos iguales.

Vive dentro del triángulo de las tres puntas: asumir la responsabilidad, centrarte en lo que puedes controlar y buscar las cuatro virtudes.

Sigue el camino que favorezca tu florecimiento personal y el de las personas de tu entorno.

Capítulo 4

No puedo hacer absolutamente nada

O la visión estoica de un mundo caótico

Es fácil creer que el mundo está sumido en el caos. Apenas da tiempo a informarse de las noticias antes de que ocurra algo nuevo, los grandes acontecimientos parecen fuera de control, y el acceso constante a internet y a las redes sociales puede hacer que sintamos que nunca llegaremos a estar al día de todo lo que podríamos —o deberíamos— controlar. El cerebro nos va a mil por hora y absorbe más imágenes y palabras al día de las que antes podríamos haber visto en una semana o incluso un mes. Podemos construir conexiones sociales con personas de todo el mundo a quienes no conocemos en la vida real, y tener a familiares que viven cerca y comunicarnos con ellos solo a través de las pantallas.

Pero incluso hace ya dos mil años, los filósofos estoicos sabían que el caos no es más que una percepción humana. Es la forma que escogemos —o descartamos— para interactuar con todo lo que nos rodea. Como estoico, puede que encuentres inspiración en el *amor fati*, la frase latina que a grandes rasgos significa «amor por el destino», y que transmite la idea de que no podemos cambiar lo que nos pasa, así que lo mejor es sacarle todo el partido. Este principio básico de la filosofía estoica propone que lo que pase pasará como tenga que pasar, y que casi nada depende de nuestras acciones.

He aquí algunas cosas que sí podemos controlar:

- Nuestras opiniones y preferencias.
- Nuestras acciones y decisiones.
- Nuestras aspiraciones y motivaciones.
- Nuestro propio carácter.

He aquí algunas cosas que no podemos controlar:

- Lo que ha ocurrido en el pasado.
- Lo que otras personas han hecho en el pasado.
- Las catástrofes naturales y los accidentes.
- Las decisiones ajenas.
- Todos aquellos acontecimientos, situaciones y momentos importantes externos.

A primera vista, esta perspectiva puede dar miedo o resultar descorazonadora. Pero cuanto más piensas en ella, más reconfortante parece. Mark Twain, el gran escritor estadounidense, dijo: «He tenido muchas preocupaciones en mi vida, la mayoría de las cuales jamás han ocurrido». ¿Cuántas veces te has preocupado por algo y, al final, resultó ser igual de malo, o menos, de lo que habías creído? ¿Preocuparte hizo que tu sufrimiento fuese menor? ¿O te hizo padecer dos veces porque te habías estado preocupando por algo que escapa a tu control? Al ser consciente de todo aquello que no controlas, te liberas y dispones de más energía para dedicarte a lo que sí puedes controlar.

Veamos tres formas de ver esta misma filosofía del *amor fati:*

> Tienes poder sobre tu mente, no así sobre los acontecimientos externos. Tenlo presente y habrás encontrado la fuerza.
>
> MARCO AURELIO

> Al no ser capaz de gobernar los acontecimientos, me gobierno a mí mismo, y si estos no se adaptan a mí, yo me adapto a ellos.
>
> MICHEL DE MONTAIGNE

> El hombre no se preocupa tanto por los problemas reales como por las angustias que imagina sobre los problemas reales.
>
> EPICTETO

EJERCICIO

Haz una lista de aquello que te haya preocupado últimamente.

____

____

____

____

____

____

El hecho de preocuparte, ¿te ayudó o te perjudicó? Si aceptas que las cosas ocurrirán según lo que dicte el universo, ¿cuánto poder adquieren tu mente y tus sentimientos?

En el estoicismo, hablamos de la idea de la *sympatheia*, la creencia de que todos estamos unidos por nuestras naturalezas y nuestra existencia, y que existimos como un todo único y que lo abarca todo. No importa el nombre que quieras darle o cómo quieras verlo —ya sea como el destino, un plan divino, la voluntad de Zeus o cualquier otro marco filosófico o religioso—, al final, la idea básica es que aceptar la vida tal como es nos hace vivir en paz. Aunque en el estoicismo podamos hacer referencia a los dioses, o a Dios, o al destino, puede que tú no creas en nada de eso, pero eso no cambia el hecho de que, quizá, cuando nos levantemos mañana, llueva y haga frío; tanto si crees que Dios ha traído la lluvia o que ha surgido de una serie de patrones complejos que se mueven por todo el planeta, la cuestión es que está lloviendo. Es lo que te ha tocado vivir, y lo único que puedes hacer es aceptar lo que se te ha dado y entender que las cosas ocurren exacta y solamente tal como ocurren.

Hay una frase que suele atribuirse a Zenón que dice: «Cuando un perro está atado a una carreta, si quiere seguirla, la carreta tirará de él y él la seguirá, y su acto espontáneo coincidirá con la necesidad; pero si el perro no quiere seguirla, la carreta lo obligará en cualquier caso. Lo mismo ocurre con los hombres: incluso si no quieren, se verán obligados a seguir su destino».

Teniendo esto en cuenta, ¿cómo decidiremos comportarnos hoy? ¿Es el día en que dejaremos de vernos obligados y empezaremos a caminar? Dado que no tenemos forma alguna de detener o incluso de ralentizar el carro, por mucho que nos cueste admitirlo, ¿qué cambio observamos en nuestras vidas si caminamos junto a la carreta? Crisipo, el tercer líder de la escuela estoica, comparó nuestras vidas potencialmente destinadas con un cilindro o un cono. Si practicamos el estoicismo y perseguimos las cuatro virtudes, podemos convertirnos en cilindros e ir calmadamente hacia donde nos lleve la vida, acumulando vivencias nuevas por el camino. De lo contrario, somos como un cono que los dioses o el destino van empujando, pero que solo llega a recorrer el mismo terreno circular, sin vivir nada nuevo, sin advertir progreso alguno, preguntándonos por qué parece que nunca cambia nada.

Si aceptamos que tenemos muy poco control sobre el mundo, con la práctica podremos llegar a sentirnos agradecidos por el hecho de que el mundo esté predeterminado y nos centraremos en ese pequeño control que sí tenemos. Los acontecimientos no son más que momentos efímeros, pero el control que podemos ejercer sobre nuestro carácter y nuestras decisiones es el trabajo de una vida virtuosa. Zenón no se inventó el *amor fati* cuando su barco se hundió y con él perdió toda su riqueza en tan solo un instante; se trata de un aspecto sencillo de la humanidad que podemos decidir desarrollar en nuestro interior, una elección práctica con la que contamos para impulsar las sencillas ideas del estoicismo que mejorarán nuestras vidas en muchos sentidos.

Lo que ocurre en el mundo no tiene por qué pasarnos *a nosotros*, sino suceder *para nosotros*, en beneficio de nuestro desarrollo y crecimiento. Nos lanza un montón de cosas sin esperar a que estemos preparados y sin parar ni un solo día.

Pero si empiezas a pensar en la vida como algo material —como clavos y madera, ladrillos y tornillos—, podrás tomar la decisión consciente, o bien de estremecerte ante todo lo que se cruza en tu camino y dejar que te llene de magulladuras y heridas, o bien recoger esos materiales y construir tu vida con ellos. Si decides alejarte de esos objetos materiales, no solo habrás perdido la oportunidad de construir algo nuevo, sino que, además, se convertirán en obstáculos en tu camino que te harán tropezar y te lastimarán, por mucho que te esfuerces en ignorarlos o huir de ellos.

La ansiedad es algo muy real; lo sé porque la he padecido y he recibido tratamiento en el pasado. Pero también depende de nosotros cuánto tiempo y espacio le damos. Cuando escojo concentrarme en aquello que puedo controlar, me doy cuenta de que me preocupo mucho menos y le doy a mi cerebro el espacio que necesita para respirar y generar pensamientos más claros y mejores. Dejo de actuar movido por el miedo o el pánico y abandono la ilusión de control, y, al hacerlo, me otorgo más poder para centrarme en lo que verdaderamente importa: mis pensamientos, sentimientos y acciones. El autor Kamal Ravikant ha observado que «gran parte de nuestro dolor y sufrimiento surge de la resistencia a lo que ocurre. La vida ocurre. Y cuando nos resistimos ante lo que es la vida, sufrimos. Cuando le decimos que sí a la vida, nos sometemos a ella y decimos: "Vale, ¿y ahora qué debería ser?", de ahí es de donde surge el poder».[3] Si somos capaces de aceptar lo que ocurre y dejamos de resistirnos a la verdad, entonces entramos en la verdadera batalla, la batalla interna, que no es una batalla contra el mundo porque este sigue girando al margen de lo que nos haga sentir por ello. Se da únicamente en nuestro interior, donde luchamos contra lo que vaya a ocurrir hoy, con nuestro ego, nuestras historias y nuestros sesgos.

En el día a día, la mayoría podemos pasar por momentos de turbulencia mental a causa de acontecimientos o comportamientos que pueden parecer nimios a ojos de quien no los vive, pero que cuando los experimentamos, pueden sumarse y generar la sensación de que nuestra vida es desagradable, triste o incluso insoportable. Por ejemplo, cuando nos desplazamos al trabajo y hay alguien escuchando música a todo volumen, comiendo algo que huele muy fuerte o que habla a gritos. O en el gimnasio, cuando la gente deja las toallas por todas partes o acapara las máquinas. O en la calle, cuando alguien camina demasiado lento o tira de una maleta por una acera abarrotada; cuando tarda demasiado en encontrar la tarjeta para pagar o llega al mostrador y todavía no sabe qué va a pedir. Basta con pensar en ello para estresarse.

Como ocurre con tantos otros temas, los estoicos ya habían pensado en todo esto. En el *Enquiridión,* un manual de lecciones estoicas recogidas por uno de sus alumnos, Epicteto decía: «Si vas a llevar a cabo cualquier actividad, recuerda cuál es su naturaleza. Si te vas a bañar, imagina lo que ocurre en los baños: salpicones, mucha gente, el agua que quema y los robos». Ya en la Grecia del siglo II, los espacios públicos estaban llenos de gente que se comportaba de formas que molestaban a los demás; en otras palabras, la gente siempre ha sido como es, y siempre habrá momentos en que nos molesten los hábitos de los demás. Pero ¿podemos encontrar una forma de que no nos irriten? ¿Cuán distintos serán nuestros días si salimos de la cama siendo conscientes de las distintas formas en que la humanidad nos molesta?

No estoy hablando de ignorar los hábitos que no nos gustan o de que empeoremos nuestro comportamiento porque todos deberían ser aceptables al formar parte de la naturaleza humana. Lo que digo es que podemos prepararnos mentalmente cada día y aceptar que estas cosas pasan, que han pasado siempre y que siempre pasarán; que al enfadarnos lo único que conseguimos es quedarnos con esa rabia; y que en nuestra mano está vivir cada momento de nuestro día de un modo muy distinto. Y es que, en estos momentos, lo que nos irrita es que nuestro sentido de la identidad y de la «corrección» se ve alterado: nosotros no haríamos así las cosas y tampoco creemos que sea así como deben hacerse. Pero si entramos en la cafetería preparados para encontrarnos con gente que habla demasiado alto, que tarda en pedir y que tiene que pararse a rebuscar en la cartera, esas acciones externas dejarán de fastidiarnos.

Hablé también de todo esto con el maestro Shi Heng Yi en el templo *shaolin* en Europa, y acerca de lo molesto que puede resultar que los desconocidos no se comporten de la forma en que nuestros principios y creencias nos dicen que es la «correcta». Me preguntó: «Las personas que consideras más cercanas, ¿te sorprenden a veces con sus acciones?». Pensé en ello y asentí. De vez en cuando, mi pareja todavía me sorprendía. «Y las siguientes personas más cercanas, ¿te sorprenden también con lo que dicen o hacen?». Volví a asentir: mis familiares o amigos de muchos años todavía hacían cosas que en un momento dado no habría esperado de ellos. El maestro me miró y me preguntó: «Entonces, ¿por qué no te iban a sorprender los comportamientos de unos perfectos desconocidos, a quienes ni conoces ni entiendes?». Nunca lo había pensado así. Pues claro que el mundo estará lleno de momentos estresantes y molestos si esperamos encontrarnos solo con experiencias que coincidan con lo que supone vivir en nuestras cabezas, con nuestras propias decisiones, preferencias y hábitos.

En sus *Meditaciones*, Marco Aurelio dice: «Sería absurdo sorprenderse de que una higuera dé higos. Recuerda que igual de poco sorprendente es que el mundo dé frutos como estos cuando llega la cosecha». Es decir, no debería molestarnos tanto que el mundo dé los frutos que siempre ha dado; estos comportamientos no son nuevos, pero reaccionamos como si no hubiésemos sido capaces de imaginar que nos los encontraremos cada vez que salimos de casa.

Puede parecernos que la forma «correcta» de hacer las cosas es nuestro propio mundo interno. Pero, naturalmente, no es que lo sea: solo lo es para nosotros y en este momento. Si somos capaces de aceptar que esto es así y entender que todas las personas experimentan el mismo conflicto entre esa forma «correcta» e interna de cómo debería ser el mundo y la realidad de que existen millones de personas que toman decisiones diferentes, el conflicto desaparece. La fricción deja de existir, porque hemos pasado de centrarnos en sentirnos molestos por dicha diferencia a preservar nuestro propio carácter en un mundo lleno de presiones externas. No podemos elegir cómo se comportarán los demás, solo cómo reaccionaremos nosotros.

> No busques que las cosas pasen como quieres; desea que las cosas pasen como tengan que pasar, y vivirás tranquilo.
>
> EPICTETO

Existe una fábula china muy conocida que habla de un granjero y su caballo. El granjero y su familia vivían cerca de la frontera de dos territorios en guerra, y dependían del caballo para las labores más pesadas de la granja. Un día, el caballo se escapó, y los vecinos se acercaron a ofrecer su pésame, sabedores de la gran pérdida que había sido para el granjero. Pero lo único que les dijo fue: «Buena suerte o mala suerte, nunca se sabe».

Poco tiempo después, el caballo volvió, y detrás vino una yegua salvaje que no se separaba de su lado. Los vecinos volvieron a acercarse a darle la enhorabuena por su gran suerte. Pero el granjero dijo: «Buena suerte o mala suerte, nunca se sabe».

Al hijo del granjero le encantaba montar a caballo, y todos los días salía con la yegua. Una mañana se cayó, se rompió una pierna y no pudo caminar durante mucho tiempo. Los vecinos se acercaron de nuevo, compadeciéndose del padre por aquella terrible desgracia. Pero el granjero contestó: «Buena suerte o mala suerte, nunca se sabe». Poco después, la guerra estalló en la frontera.

Todos los jóvenes de la región fueron llamados a filas, y cientos de ellos murieron en el campo de batalla. Pero no fue así con el hijo del granjero, a quien no reclutaron por aquella pierna rota.

El granjero lo había entendido: objetivamente, nada es bueno o malo. Debemos aceptar lo que ocurre y no hundirnos ni celebrar demasiado ningún acontecimiento, porque no sabemos adónde nos llevará el universo a continuación. Los regalos no siempre son buenos; los problemas no siempre son tan malos. La aceptación es la única forma de lidiar con lo que nos pasa día tras día.

EJERCICIO

Visto desde arriba

Siéntate en un lugar cómodo y cierra los ojos. Visualízate en tu habitación. Luego, visualiza tu casa o tu piso, y vuelve a ampliar tu campo de visión para ver tu calle. Sigue con el mismo patrón hasta ver tu barrio, tu país, tu continente, y sigue subiendo hasta ver la Tierra, el sistema solar, y así hasta ver tanto como puedas del universo.

Tómate un momento para darte cuenta de lo insignificante que eres; nada más que una mota diminuta en el universo. La inmensa mayoría del universo jamás sabrá que hemos vivido o que hemos muerto. ¿Cuántos de tus problemas no son más que un incidente o una queja temporal? ¿Crees que podrás desarrollar un nuevo sentido de la perspectiva respecto de aquello que te tiene preocupado?

Cuando mis hermanos y yo por fin montamos nuestra empresa y trabajábamos en el desván de nuestra madre sin ninguna garantía de éxito y sin cobrar, teníamos migrañas y dolores de cabeza constantes a causa del estrés. En aquella ajetreada casa en la que vivían siete hermanos y hermanas, las horas y la presión nos hacían enfermar, la tarea que teníamos entre manos nos parecía siempre imposible y a veces se nos hacía muy cuesta arriba. Pero yo dedicaba cinco minutos cada día a sentarme en un rincón tranquilo y hacer este ejercicio, y siempre me ayudaba a relativizar nuestros problemas. Lo que parecían tareas imposibles en realidad no eran más que los pasos del camino que habíamos elegido, y teníamos suerte de poder seguirlo.

Pero ¿qué pasa cuando estamos en nuestro camino, pero no llegamos al destino que queremos? Puede que nos hayamos esforzado mucho, pero no hayamos conseguido la casa que queríamos, o las vacaciones, o ese detalle que nos hará felices si le echamos el guante. Diógenes fue un célebre filósofo cínico, precursor de las ideas estoicas y conocido por vivir desnudo en una gran vasija de vino en un mercado y usar su vida sencilla para criticar lo que veía como una sociedad corrupta. Su única posesión era un cuenco de madera que destruyó al ver a un chico que bebía ahuecando las manos, exclamado: «¡Necio de mí! ¡Y pensar que he llevado esta carga superflua durante todo este tiempo!». Existe una historia que habla de cuando Alejandro Magno, el creador de uno de los imperios más grandes de la historia, visitó a Diógenes. Alejandro Magno estaba encantado de conocer a un filósofo tan aclamado, y le preguntó si había algún favor que pudiese concederle a aquel paupérrimo hombre. Diógenes contestó: «Sí: apártese, que me tapa el sol». La respuesta de Alejandro Magno fue: «Si no fuese Alejandro, desearía ser Diógenes», a lo que Diógenes contestó: «Si no fuese Diógenes, también desearía ser Diógenes». Sabía que Alejandro, el hombre más rico del mundo y comandante de miles de hombres, todavía seguía guiándose por sus deseos y que, a pesar de todas sus posesiones y su poder, jamás llegaría a conseguir todas sus ambiciones porque nunca estaría satisfecho con lo que el universo le había dado. Diógenes, en cambio, desnudo en su vasija, solo quería echarse una siesta al sol. Tenía todo lo que podría desear.

Es más: ¿quiénes somos nosotros para saber qué nos conviene más en cualquier momento dado? El dalái lama dijo: «Recordad: a veces, no conseguir lo que se desea es un maravilloso golpe de suerte». Como el granjero de la fábula, no sabemos lo que será bueno o malo para nosotros, qué desastre puede llevar a algo maravilloso, y qué fortuna puede resultar un desastre. Y si los acontecimientos no dan pie a algo inesperado, quizá la dificultad en cuestión sea lo que nos lleve a crecer y fortalecernos como personas. Albert Camus dijo: «En pleno invierno, descubrí que, en mi interior, había un verano invencible».[4] Fiódor Dostoievski escribió: «Cuanto más oscura sea la noche, más brillarán las estrellas».[5] Hace ya dos mil años, el filósofo Séneca reconoció la importancia de las dificultades a la hora de mejorar la propia vida, y dejó escrito: «Ningún hombre es más infeliz que el que nunca se enfrenta a las adversidades, porque no tiene ocasión de demostrar su valía». Las fortunas y los infortunios de la vida deberían tratarse de igual forma: como estados efímeros que atravesamos para pulir nuestro carácter y mejorarlo. No conseguir algo que queríamos podría, bajo el punto de vista adecuado, ser lo mejor que nos haya pasado en la vida (si estás pasando por un momento difícil ahora mismo, tenlo presente).

Por eso, la mentalidad estoica es la que nos hace adoptar una actitud que saca lo mejor de lo que nos ocurre y de lo que tenemos. Si el control externo es una ilusión, debemos aceptar el momento en el que estamos para sacarle el máximo provecho. El pasado ya ha pasado, y no se puede cambiar, y el futuro no está pasando en estos momentos, así que tampoco podemos transformarlo. Podemos dedicar horas y horas cada día a preocuparnos por el uno y por el otro —los errores que hemos cometido, aquello de lo que nos arrepentimos, lo que podríamos haber hecho de otra forma, las dificultades que podrían surgir, lo que podríamos perder o las humillaciones que quizá suframos—, pero nada de ello es «real». Lamentarnos solo nos sirve para arrastrar un error pasado hacia el futuro, y el miedo es un dolor que imaginamos que debemos sentir.

Aquello que podemos controlar, que son nuestras acciones en este preciso momento, no afectará ni al pasado ni al futuro, de forma que podemos aceptarlo y vivir de acuerdo con los principios del estoicismo, o podemos seguir sufriendo por cosas que no son tangibles en la realidad.

> Todo lo que ha de venir reside en la incertidumbre: vive en lo inmediato.
>
> SÉNECA

Los recuerdos se pueden moldear. ¿Cuántas veces te ha pasado que al descubrir o entender un nuevo detalle ha cambiado tu forma de evocar un recuerdo? Algo agradable de pronto puede pasar a ser amargo, o un recuerdo desagradable parecer menos malo tras entender mejor la situación. Pero lo que ha cambiado no es lo que pasó, sino tus sentimientos hacia ello. Así pues, ¿por qué aceptar que nuestros recuerdos nos conviertan en sus rehenes y nos hagan sufrir por cosas pasadas, que no podemos cambiar y que, objetivamente, escapan totalmente a nuestro control? ¿Por qué no, entonces, aprendemos a aceptar los sentimientos como lo que son, sentimientos, y dejamos de pensar que el dolor es una verdad sobre el universo con la que debemos cargar hasta el día que muramos?

El futuro también puede resultar abrumador. El trabajo, los amigos y la familia, nuestras esperanzas y, planes, por no hablar de los conflictos y los problemas que vemos a diario en las noticias: ¿cuánto peso tiene cada uno de ellos en nuestra mente? ¿Podemos vivir una vida «buena» si el miedo y la angustia por el futuro nos tienen sometidos? ¿Por qué no reconocemos que esta angustia tampoco es «real»? Puede que lo que nos preocupa ocurra, o puede que no. Muy poco podemos hacer para cambiar la dirección en la que avanzará el mundo. Podemos dejar que nuestros pensamientos nos controlen, o podemos aceptar la idea estoica del *amor fati* y centrarnos en el momento único que estamos viviendo.

Puede que te parezca una tarea imposible. ¿Cómo vamos a ignorar problemas tan descomunales como las guerras o el cambio climático? La respuesta es, lógicamente, que no se trata de ignorarlos, sino de lo que podemos hacer en este momento. Las personas que pasan por situaciones desesperadas en todo el mundo y a lo largo de la historia muestran, a pesar de todo, una humanidad y una generosidad increíbles por los demás. El dolor puede servir para recordarnos lo mucho que hemos querido y lo mucho que el amor que hemos sentido por otra persona ha influido en nosotros; al fin y al cabo, ¿preferirías que tus seres queridos te recuerden con un dolor terrible durante el resto de su vida, o que poco a poco puedan celebrar y alegrarse de haberte tenido en sus vidas? Podemos atravesar un momento de sufrimiento y aun así conectar con lo mejor que nos ofrece la vida.

Así pues, ¿cómo pasamos de la aceptación a la alegría y a la adopción del *amor fati*?

Aquí entran tres aspectos clave:

- Aceptar los obstáculos y las dificultades como oportunidades para crecer y desarrollarnos.
- Dejar atrás los lamentos acerca del pasado y concentrarnos en aprovechar al máximo el momento presente.
- Practicar y fomentar la sensación de agradecimiento por las experiencias que se cruzan en nuestro camino.

Al principio, puede que nada de eso nos resulte fácil. Tal como dijo Miyamoto Musashi, estratega y filósofo chino del siglo XVII: «Puede parecer difícil al principio, pero al principio, todo lo es». Cada vez se irá haciendo más sencillo practicar estos tres aspectos diariamente. El fracaso no es motivo para abandonar, ya que forma parte de aprender una nueva forma de vida. Cuanto más practiquemos esta mentalidad, más se convertirá en un hábito; cuando adoptemos el hábito de la gratitud, de la aceptación y de la oportunidad, empezaremos a ver el mundo con unos ojos totalmente distintos.

EN RESUMEN

Ya sabes que hay gente maleducada, así que no deberías sorprenderte ni dejar que te afecte.

Acepta el universo tal como es y tu vida transcurrirá tranquilamente.

Capítulo 5

Si no está roto, no puedes arreglarlo

O lo que se puede y no se puede controlar

Hay cosas que podemos controlar y hay otras que no. Entre lo que podemos controlar, están la opinión, la motivación, el deseo, la aversión y, en resumen, todo lo que parta de nosotros; entre lo que no podemos controlar, están el cuerpo, la propiedad, la reputación, el oficio y, en resumen, todo lo que no parta de nosotros.

EPICTETO

Una de las maravillas del estoicismo es la forma en que todos los principios encajan entre sí, cómo se retroalimentan y se funden. Ahora bien, es posible que el corazón del estoicismo lo ocupe el concepto de *control* o, más bien, la *ausencia de control*. De hecho, resulta fundamental para que todas las demás ideas encajen a su alrededor.

La idea de la dicotomía del control es muy sencilla: se trata de entender que hay cosas que están bajo nuestro control y otras que no. Cuanto más intentamos tomar el control de nuestras vidas, menos control tenemos; por eso, cuanto más conscientes seamos del poco control que tenemos, menos sufriremos y menos nos preocuparemos. Tratamos de controlar nuestro estatus y nuestra posición en la vida, pero no nos damos cuenta de que nuestros objetivos, planes y ambiciones no son más que meras palabras e imágenes que dan vueltas en nuestra mente; no están basadas en ningún tipo de realidad, y no forman parte más que de nuestro relato interno. Puede que sintamos que es lo más importante de nuestra vida, pero dichas palabras e imágenes no tienen ningún control sobre la vida, ya que esta va avanzando, independientemente de lo que imaginemos que «debería pasar».

A la dicotomía del control se la critica porque, si alguien fracasa —es decir, si intenta hacerse con el control de una situación que no depende de él o ella—, el estoicismo le generará una sensación de malestar, como si de algún modo estuviese «fracasando» a la hora de vivir como es debido. Ni que decir tiene que la filosofía estoica es más benévola de lo que se le afea: los estoicos saben que *control* no equivale a *dominio*. Utilizamos la razón como mejor podemos para influir en nuestros deseos, opiniones y control a partir de las cuatro virtudes, pero todos sabemos que igual que la razón forma parte de la naturaleza de la humanidad, equivocarse también es humano. No se trata de sentir que has fracasado, sino de reconocer que la vida es un reto que hay que aceptar y del que disfrutar. Desprenderse del control —y del control de uno mismo— es una lección para toda la vida.

Una de mis frases que más se comparten en internet es: «Ya puedes bailar o lamentarte bajo la lluvia, que lloverá de todas formas». Parece que la gente entiende al instante que en la vida lo que abundan son las decisiones, no el control, y que solo al aceptar la oportunidad que tenemos de tomar decisiones positivas recuperaremos una cierta sensación de paz. Lo único que podemos controlar es cómo reaccionamos ante la vida.

A menudo parece que controlamos ciertos aspectos de nuestras vidas, pero no es más que una ilusión. Por ejemplo: si quiero mejorar mi salud, puedo ir al gimnasio, ¿no? Pero ir al gimnasio también podría provocarme una lesión importante que me haga bajar el ritmo durante mucho tiempo. Quizá podría seguir una dieta mucho más sana para ayudar a mi cuerpo, pero puede que me cueste mucho más dinero. Así que podría esforzarme más para cambiar de trabajo y ganar más dinero; eso sí lo controlo, ¿verdad? Sí, pero no sé si esforzarme más o cambiar de trabajo me provocará tantísimo estrés que no seré capaz de trabajar, lo que me dejará en una situación económica mucho más complicada. ¿Y qué hay de labrarte una buena reputación? Puedes hacer todo tipo de cosas para hacerte un nombre en internet o en la zona en la que vives, pero ¿a qué precio? ¿Y si tus esfuerzos provocan los celos de un tercero que decide hablar mal de ti? No puedes controlarlo, pero entonces tu reputación será peor que cuando empezaste.

No se trata de fijarse en la solución más negativa posible, sino de reconocer que esta sensación de «control» no es real, sino un espejismo que se basa únicamente en elementos externos. En cada paso que damos en un sentido u otro a lo largo de la vida hay tantas variables que no tiene sentido dejarnos llevar por la creencia de que podemos controlarla. Las enfermedades, los accidentes o las acciones de los demás escapan totalmente a nuestro control y ocurrirán hagamos lo que hagamos.

El estoicismo no consiste en regir nuestra vida con mano de hierro, sino en tener presente el *amor fati* y las pocas cosas que sí podemos controlar:

- Nuestras opiniones y preferencias.
- Nuestras acciones y decisiones.
- Nuestros deseos y motivaciones.
- Nuestro propio carácter.

No es mucho, ¿a que no?

EJERCICIO

Puede que algo en tu vida te tenga estresado o preocupado. Quizá es algo muy grande, como un evento global, o algo que solo te afecta a ti, como una presentación en el trabajo o un viaje con amigos.

Coge un folio y haz dos columnas. En el encabezado de la columna izquierda escribe «Cosas que puedo controlar», y en el de la derecha, «Cosas que no puedo controlar». Piensa en esa cosa que tienes en la cabeza y completa las columnas de la forma más realista que puedas (no te hagas responsable de cosas que estén fuera de tu alcance).

¿Cuántos puntos más hay en la lista de aquello que no puedes controlar que en la otra? ¿Hasta qué punto te parece fácil lidiar con lo que has anotado en la columna de aquello que sí puedes controlar?

Ahora ya puedes centrarte únicamente en la corta lista de cosas que, siendo realistas, puedes controlar.

A veces, es agradable dejarse arrastrar por esas «cosas que no tienen importancia». Es entretenido coger el móvil y leer el último escándalo de un famoso o un cotilleo sobre alguien de la tele, pero antes de que nos demos cuenta hemos desarrollado unas sólidas opiniones sobre sus historias y su comportamiento, y esa gente a la que no conocemos de nada y a la que muy probablemente nunca conoceremos, ni tampoco nos afectará en nada, nos genera unas sensaciones físicas muy reales en el cuerpo y en la mente. Igual de perplejo me dejan las personas que sienten pasión por un equipo deportivo. Las acciones del equipo les provocan, o bien euforia, o bien una gran tristeza, y a veces llegan incluso a estar enfadados de verdad durante semanas, y todo a pesar de que la rabia de los seguidores no afectará al juego en ningún sentido. Pero, aun así, dejan que su estado de ánimo y su vida se vean influidos por algo que no pueden controlar en lo más mínimo.

Las personas tratamos de controlarlo todo, desde el tráfico hasta el tiempo, pasando por lo que piensan los demás de nosotros, e invertimos muchas horas y energía todos los días en cosas que no cambiarán por mucho que nos esforcemos. Dedicamos el 99 % de nuestro tiempo a este tipo de comportamientos y a pensar en el pasado y el futuro, y al hacerlo traspasamos nuestra atención y motivación a algo totalmente externo. No importa lo que tratemos de hacer al respecto, que lo que tenga que pasar pasará, que el pasado ya habrá ocurrido, y el futuro vendrá cuando venga, y todo seguirá avanzando sin que importe lo que pensemos al respecto. Es como si nos metiésemos en el mar y tratásemos de contener las olas y luego nos preguntásemos por qué estamos agotados si no ha cambiado nada.

Esas pocas cosas que sí podemos controlar tienen algo en común, y es que todas son internas, se encuentran en nuestra mente y en nuestro cuerpo. Cuando aceptamos que la energía interna es lo único que importa, y que nuestras opiniones, acciones, motivaciones y carácter son las únicas cosas que podemos controlar, entonces empezamos a ejercer cierto control sobre nuestras vidas. Darse cuenta de eso es como desarrollar un poder sobrehumano: imagina que de pronto te dijeran que puedes aumentar tu energía y tu concentración en un 99 %, que puedes crecer y desarrollarte mucho más rápidamente como persona, que tendrás muchas menos preocupaciones y que llevarás encima una carga mental mucho menor. ¿Quién iba a decir que no?

El estoicismo es una especie de lista de trucos para la vida: en lugar de llenarla de ruido y de ajetreo porque sí, de correr sin rumbo, podemos limitarnos a caminar, detenernos y mirar alrededor, respirar el aire y escuchar los sonidos que nos rodean. ¡Abúrrete! Abandona el control y disfruta de la libertad que hacerlo te ofrece.

> Lo externo no es el problema; el problema es la valoración que haces de ello, la cual puedes borrar en este instante.
>
> MARCO AURELIO

En la vida moderna existe la tendencia de querer que todo esté hecho al instante, de alcanzar logros sin apreciar el proceso que nos ha traído hasta aquí. Se conoce como *adicción al destino* y consiste en la creencia de que al fin seremos felices cuando alcancemos ese objetivo: está en el futuro, pero ya se acerca, solo tenemos que hacer *x*, *y* y *z* (o, lo que es más realista, solo «tenemos» que hacer *a*, *b*, *c*... y así hasta la *z*).

En nuestro intento de satisfacer nuestra adicción al destino, ansiamos todavía más el control, tanto de la fuerza física como de nuestro estado mental, estatus e incluso de los procesos físicos implicados en el crecimiento y el envejecimiento. ¿Cuántas veces hemos vuelto enseguida al trabajo tras solo un día o dos de baja por enfermedad, cuando sabíamos que nuestros cuerpos necesitaban más tiempo para terminar de recuperarse del todo? ¿Con qué frecuencia compramos productos para acelerar algo que nuestro cuerpo hace perfectamente bien siempre que lo tratemos con cuidado y respeto? La vida moderna está diseñada para que pasemos por ella a toda prisa. Teniendo esto en cuenta, ¿cuán rápido podemos asimilar todas esas cosas sobre las que no influimos en absoluto?

A mí me llevó bastante tiempo entender la dicotomía del control. Naturalmente, no quería renunciar a un ápice de control, porque ¿cómo iba a alcanzar el éxito si dejaba de concentrarme tantísimo en todo? Abandonar el control, limitarme a aceptar que en gran medida mi vida no dependía de mí, me parecía una debilidad.

Me hizo falta práctica. Primero intenté darme cuenta de los momentos en los que sentía frustración y dejar que la experiencia que me estaba provocando ese sentimiento me pasara por encima. Si estaba en un atasco, no era que llegase tarde ni que me estuviesen retrasando, sino que se me estaba dando la oportunidad de dedicar un rato a observar el mundo. Recordé una historia que había oído sobre un grupo de personas que se habían quedado atascadas en un paso a nivel durante un largo rato, mientras un tren larguísimo les pasaba por delante. Los adultos estaban furiosos, pero una niña que había en el grupo se volvió hacia su madre y dijo, llena de admiración y sorpresa: «¡Guau, qué largo es este tren!».

Todos los días tenemos esta oportunidad. Vamos a desglosarla para verla en su forma más básica:

Problema	**Beneficio**
Estar en un atasco.	Más tiempo para escuchar música u observar el mundo.
Encontrarse con gente maleducada.	Oportunidad de practicar la compasión.
Se ha quemado la cena.	Oportunidad de probar una receta nueva con los ingredientes que han sobrado.

Quedarse sin entradas para un espectáculo.	Oportunidad de hacer otra actividad que se habría hecho de otra forma.
Cancelar las vacaciones.	Momento de ponerse con esa lista de tareas en la que nunca avanzas.
No ser seleccionado para un equipo.	Más tiempo para ayudar con las necesidades del equipo fuera del campo de juego.

Podemos echar la vista atrás hacia los «malos» momentos y apreciar lo que hemos ganado gracias a ellos: que nos dejara nuestra pareja hizo que terminásemos encontrando una relación mejor y nos diéramos cuenta de lo dañina que era la anterior. Mi jefe en la obra era tan terrible y mi sueldo tan bajo que no me quedé en ese trabajo y pude desarrollar mi potencial. Incluso la muerte de un ser querido a veces puede servir para unir a la familia.

Si estamos atrapados en un atasco, estamos atrapados en un atasco, y enfadarnos no cambiará la situación. Podemos escuchar música, hablar con nuestro acompañante o fijarnos en lo que ocurre al otro lado de la ventanilla. Si tenemos que limpiar, hay que limpiar, pero en lugar de hacerlo a toda prisa para poder dedicarnos a lo que nos «apetece de verdad», tenemos la oportunidad de hacerlo con cuidado, dando lo mejor de nosotros mismos, escuchar algo que nos guste de fondo y destinar el tiempo necesario para hacer un buen trabajo. Hace poco, cuando tenía que hacer cosas en el jardín, alguien se ofreció a ayudarme para que pudiese terminar antes. Pero la tarea consistía en arreglar el jardín y no en hacerlo lo más rápido posible y dejar atrás la experiencia antes de correr a dedicarme a otra cosa; el disfrute venía de hacer lo que tocaba, de saborear los momentos que conformaban la experiencia, y no de apresurarme a terminar la tarea. No quería desarrollar una adicción al destino, sino que quería practicar el hecho de saborear lo que hacía con mi tiempo. Agradecí el ofrecimiento, pero lo terminé solo, sabiendo que valoraba cada momento que pudiera dedicarle. ¿Hay alguien que quiera echar la vista atrás y pensar en todas las horas, meses y años que ha «perdido» haciendo tareas del hogar y recados? Quizá la cosa cambiaría si respetásemos cada una de ellas como algo que tiene que hacerse, como algo que no nos ha quitado ticmpo porque ese tiempo seguía ahí, solo que ahora íbamos a disfrutar de él mientras hacíamos la tarea en cuestión y nos limitábamos a disfrutar de ella.

Si pensamos que la vida es una línea que empieza con nuestro nacimiento y termina con nuestra muerte, en el medio hay todo tipo de acontecimientos que nos llevan en direcciones bien distintas:

Nuestro nacimiento es el primer momento, y nuestra muerte es el destino último. Entonces, ¿para qué tanta prisa? Todo ese batiburrillo de líneas del medio es justo el momento en que deberíamos sentarnos y dejarnos llevar por la experiencia, ya que es lo único que podemos experimentar, puesto que todo lo demás no forma parte de nuestra vida. Lo que único que nos espera, mientras nos apresuramos a avanzar en el tiempo, es el fin de nuestra existencia, algo que nunca sabemos cuándo llegará. A veces tenemos una buena conversación con un amigo, una de esas que merece la pena recordar y que hace que te lloren los ojos y te duela la tripa de tanto reír. No sé el significado de la vida, pero cuando se trata de una buena conversación con un amigo, estoy seguro de que el significado es estar presente, reír, compartir la experiencia, sentir el momento como lo que es. Uno no queda con un amigo para finiquitar la conversación lo antes posible. En la música, ocurre lo mismo con las subidas y las bajadas, con el disfrute de una preciosa sinfonía, con esos sonidos tan cautivadores que nos llegan al alma. Una única nota de una canción tocada a toda prisa no nos haría disfrutar; como en la vida, el goce está en las subidas y las bajadas, en los desarrollos y en nuestras reacciones ante cada nota según estas se van sucediendo.

El escritor y «artista filosófico» Alan Watts dijo una vez que la vida era como un baile, y que «cuando uno baila, no se propone llegar a ningún sitio».[6] Se trata del camino, no del destino.

Para los estoicos, todo acontecimiento consta de tres partes:

- Conciencia.
- Valoración.
- Acción.

Cuando se produce cualquier acontecimiento, primero me hago consciente de él, de lo que ocurre, y luego actúo como reacción a lo que ha pasado. Pero en medio está la valoración, ese momento microscópico en el que activamos nuestros juicios de valor y nos preguntamos: «¿Cómo me va a perjudicar?». Los estoicos creen que, con la práctica, podemos cambiar esa pregunta para que sea: «¿Cómo puedo hacer lo más conveniente en esta situación?». Al adquirir este hábito conquistamos el espacio necesario para controlar nuestras acciones, ya que podemos extender el tiempo de valoración tanto como consideremos oportuno; quizá te venga bien contar hasta diez y abrir ese espacio en tu rabia para ver las cosas con mayor objetividad, o adoptar el punto de vista de un tercero para entender que si, por ejemplo, nuestras emociones nos arrastran hacia una discusión, lo único que seremos es otra persona que discute movida por las emociones, y que no habremos mejorado la situación para ninguno de los implicados.

Si alguna vez has tenido un accidente, sabrás que muy a menudo somos conscientes de que ha ocurrido algo negativo, hacemos una valoración rápida de hasta qué punto podría llegar a ser malo, y reaccionamos sin pensar demasiado ante lo que imaginamos que podría haber pasado y nuestra idea de quién ha tenido la culpa. El enfoque estoico se diferencia en que trata de aclarar más esa conciencia de lo que ha ocurrido, utilizar esa claridad para llevar a cabo una valoración menos caracterizada por el pánico y más ajustada a la verdad, y reaccionar en función de los aspectos que podemos controlar de una situación que ya hemos sometido a una valoración clara. ¿Crees que podrías ponerlo en práctica la próxima vez que te veas envuelto en algún tipo de accidente?

Todos los días me enfrento a un obstáculo u otro, ya sea más grande o más pequeño, y mi forma actual de gestionarlo es convirtiendo la vida en un juego. Cada vez que me enfrento a una dificultad, me digo que tengo la oportunidad de subir de nivel si hago lo correcto, y la recompensa que obtengo siempre que lo consigo es desarrollar mi carácter y aumentar el bien que he hecho en el mundo. No puedo controlar el comportamiento de los demás, sus malas formas, su egoísmo, su mal humor o su agresividad, pero sí puedo controlar mis propias acciones, y cuando empiezas a ejercitar ese músculo, cada vez es más fuerte. Al principio puede ser un poco abrumador, pero la idea de que no es más que un juego me permite dar pasos más manejables, ya que el día se divide en el ratito de ir al supermercado, el breve trayecto en coche o un desplazamiento concreto en transporte público.

EJERCICIO

La próxima vez que alguien te trate con desdén o de mala manera, o se comporte de alguna forma que no te parezca bien, finge que es un juego. Llamémoslo *Estoicismo*™. Tu misión consiste en desarrollar tu carácter y, para hacerlo, debes seguir las acciones de oro de *Estoicismo*™ (también conocidas como las cuatro virtudes). Imagina que estás en plena partida y que alguien se te cuela. ¿Qué haría un estoico? En el juego, sabes que la mejor forma de sumar puntos es aplicar las cuatro virtudes. Quizá no es lo que harías en la vida real, pero es que ahora estás jugando.

Siempre que salgas de casa estarás participando en una misión de *Estoicismo*™, y tendrás la oportunidad de ir sumando puntos.

Pruébalo durante unos días. Puede que, sin ni siquiera darte cuenta, mientras juegas, estés subiendo tu nivel de paciencia, perspectiva y empatía. ¿Cómo te sientes?

> No se trata de aumentar día a día, sino de reducir, de dejar atrás lo innecesario. Cuanto más cerca estés de la fuente, menos desperdicios habrá.
>
> BRUCE LEE[7]

Bruce Lee se refería tanto al entrenamiento en artes marciales como a su vida, y con esta frase transmite a la perfección los principios estoicos que hemos estado viendo. En la dicotomía del control, se van dejando atrás todas esas cosas sobre las que no ejercemos dominio alguno, y lo único que queda es lo esencial: el verdadero núcleo de la vida, donde puedes poner en práctica la aplicación de las cuatro virtudes para mejorar tu propia vida y la de las personas que te rodean. De pronto, la vida ya no solo es más fácil de gestionar, sino que, además, también es algo de lo que disfrutar.

Muchos sentimos que la terapia podría ayudarnos, o que nos ha ayudado, a gestionar la vida con mayor facilidad y a disfrutar más de ella. La terapia cognitivo-conductual es una forma muy apreciada de terapia conversacional adoptada por millones de personas en todo el mundo; se basa en la propia forma de pensar y de comportarse, y lo cierto es que está arraigada en el estoicismo. Puede que conozcas la famosa «oración de la serenidad», escrita en 1934 por el teólogo Reinhold Niebuhr:

> *Señor, dame serenidad para aceptar lo que no puedo cambiar,*
> *coraje para cambiar lo que puedo cambiar,*
> *y sabiduría para reconocer la diferencia.*[8]

A partir de estos cimientos y las creencias del estoicismo moderno, el psicólogo Albert Ellis creó la terapia racional emotiva, la primera versión de la terapia cognitivo-conductual, donde postulaba la creencia de que nuestras dificultades emocionales no responden a aquello que ocurre fuera de nuestros cuerpos, sino que surgen de nuestras interpretaciones personales y a menudo irracionales de los acontecimientos. Esta idea refleja perfectamente lo que decía Epicteto: «Mi cometido principal en la vida es sencillamente identificar y separar una cosa de la otra para poder decirme con claridad cuáles son externas y ajenas a mi control, y cuáles tienen que ver con las decisiones que sí están bajo mi control». Asimismo, Marco Aurelio escribió: «Escoge no ser herido y no te sentirás herido. Si no te sientes herido, no te habrán herido». Dedicar el tiempo necesario a encontrar un espacio en lo que está ocurriendo hace que no tengamos que centrarnos en el daño que puedan habernos hecho, sino en lo que podemos hacer para superar la situación y crecer a partir de ella, y quién sabe si incluso ayudar a un tercero. Es una oportunidad para involucrarte y participar de la existencia de los demás, y de demostrar cómo el estoicismo puede mejorar vidas más allá de la nuestra. La terapia cognitivo-conductual es una herramienta excelente para un tratamiento a corto plazo a partir de los principios estoicos, pero el estoicismo como filosofía puede resultar beneficioso para muchas más personas, y para siempre.

> Cuando te despiertes por la mañana, di lo siguiente: «Las personas con las que lidiaré hoy serán entrometidas, desagradecidas, arrogantes, deshonestas, envidiosas y ariscas. Son así porque no saben diferenciar el bien del mal. Pero yo he

> visto la belleza del bien y la fealdad del mal, y he reconocido que la naturaleza del malhechor está relacionada con la mía. [...] Nacimos para trabajar juntos como los pies, las manos y los ojos, como las dos hileras de dientes, la superior y la inferior».
>
> MARCO AURELIO

Si nos retrotraemos a la introducción de este libro —a Zenón en el momento en que perdió todas sus pertenencias en un naufragio—, vemos lo estoico que era ya entonces. No se angustió ni lloró ante la catástrofe, sino que fue en busca de respuestas. El barco había desaparecido, la desgracia había ocurrido, pero ahora tenía la oportunidad de entender lo que necesitamos los humanos no solo para superar situaciones como esa, sino también para florecer a partir de ella.

Como ya hemos visto en el tercer capítulo, desde que estoy presente en internet recibo comentarios de odio, y desde bien pronto me di cuenta de que tenía dos opciones: o centrarme en ellos y en cómo me hacían sentir (que era bastante mal, al principio) o reflexionar sobre mi respuesta y servirme del estoicismo para enseñar en qué consiste esta filosofía. No puedo controlar los comentarios ni lo que piensan sobre mí, pero sí puedo decidir trabajar con estas personas. Hace poco recibí comentarios sobre mi pelo y lo mal que me quedaba, algo que en otros tiempos me habría hecho caer en picado y me habría hecho salir corriendo hacia el peluquero (si es que me atrevía a salir de casa, claro). Ahora lo veo como una oportunidad de transmitirle a la persona en cuestión la educación que necesita. Eso sí puedo elegirlo.

Hace años estaba viajando por Nueva Zelanda con dos amigos en un coche barato y terrible. Se le había roto la junta y no teníamos dinero para arreglarlo. En la práctica, eso significaba que teníamos que parar cada ocho kilómetros para encontrar un lago, un río o un garaje para echarle agua y enfriar el motor, y mis amigos enseguida se hartaron de ello y solo querían deshacerse del coche. Pero en lugar de eso, puse una canción de lo más boba en la radio y al poco ya nos estábamos riendo, y aquel momento se convirtió en un recuerdo agradable para todos. No podíamos controlar el estado en que se encontraba nuestro medio de transporte, pero sí estaba en nuestra mano decidir cómo lidiar con ello y cómo vivir ese viaje. Poco después tuvimos la suerte de conocer a una pareja que nos llevó hasta nuestro destino. ¿Se habrían ofrecido tan fácilmente si nos hubiesen encontrado estresados y peleándonos por la junta rota? Puede que no.

Todavía me falta camino por recorrer, porque soy humano. Pero me reconforta pensar que no estoy solo: incluso Marco Aurelio parecía tener problemas con los principios estoicos, tal como cuenta en sus *Meditaciones*. Este libro, escrito en forma de diario personal, reúne sus abundantes notas privadas, en las que podemos leer acerca de la rabia que le sobrevenía cuando tenía que comedir su genio. ¡Y estamos hablando de uno de los filósofos más importantes de la historia del estoicismo! Con su hijo tampoco tuvo mucha suerte: después de ser uno de los emperadores de más éxito y más apreciados de Roma, su cruel y corrupto hijo Cómodo devaluó la moneda, creó unos espectáculos de gladiadores que eran auténticas masacres y puso fin a la época dorada del Imperio romano. En aquel entonces la tradición marcaba que los emperadores designaran a sus sucesores, y Marco Aurelio lo apostó todo por su propio hijo: le puso los mejores maestros, le dio la mejor educación militar y las mejores oportunidades que cualquier joven del Imperio pudiese tener. Creía que con sus propias habilidades y sabiduría, siendo su hijo la sangre de su sangre, podría hacer de él otro gran líder mundial. Incluso en su lecho de muerte, dijo: «Id al sol naciente; yo ya me estoy poniendo». Quería que todos sus consejeros se centrasen en su hijo y en el futuro que construiría.

Y, aun así, Marco Aurelio fracasó. Incluso él, con todos los recursos de los que disponía y los conocimientos que había acumulado, no consiguió convertir a Cómodo en el hombre que había esperado que fuese. Puede que Marco Aurelio se esforzase tanto por ser un gran hombre que su verdadera lucha fuese ser un buen hombre. Igual que la idea de que el aislamiento y la dominación dan la impresión de ser fortaleza, cuando lo cierto es que la fortaleza requiere conexión y dejar que la vida exista en nuestro interior, quizá el camino de la vida de Marco Aurelio como líder de un imperio hizo que todo su estoicismo lo llevase a ser el más grande de los hombres en busca de la *eudaimonia*, cuando en realidad su objetivo debería haber sido, sencillamente, ser un hombre bueno.

Quizá sus escritos nos sean tan útiles porque sabía lo duro que puede llegar a ser. Y el hecho de que todavía hoy sus obras inspiren a tantas personas y sigan aportando cosas buenas al mundo debería tranquilizarnos.

EN RESUMEN

Recuerda que casi todos nuestros problemas están fuera de nuestro control. Libérate de la idea de que deberías «controlar mejor» lo que sucede y disfruta de ello.

Lo único que puedes hacer es centrarte en el control interno, que sí tienes.

Capítulo 6

Al menos una cosa es segura

O la inevitabilidad de la muerte

> Nos quejamos constantemente de que tenemos los días contados y actuamos como si fuesen infinitos.
>
> SÉNECA

Suena un poco intenso, ¿no? La muerte es inevitable. Quizá sea un poco oscuro para un libro de filosofía que promete mejorarte la vida.

De pequeño, me aterraba la muerte. Durante años, me pasé las noches en vela, asustadísimo ante la idea de mi propio fallecimiento. Me daba miedo ir a comprar, hablar con la gente, acercarme a alguien para ayudarlo... Me sentía impotente, prisionero de mis miedos sobre lo que pensarían los demás de mí, sobre cómo iba a morir, sobre el hecho de que no sabía vivir como es debido. De hecho, sentía que apenas estaba viviendo.

Entonces, un día, en el colegio, tuvimos una clase que trataba sobre lo que cada religión creía que había después de la muerte, ya fuese el cielo, el paraíso o la reencarnación. Y yo pensé: «¿Y si todas las religiones se equivocan? Si nos morimos y ya está, se acabaron el estrés y las preocupaciones». Aquello me parecía —y perdón por la broma fácil—, el paraíso. Además, si me equivocaba y alguna de las religiones había acertado, al final acabaría en algún tipo de paraíso o, como mucho, en el purgatorio. Con esa idea sí podía vivir. ¿Por qué las personas religiosas le tenían tanto miedo a la muerte, si significaba que estarían más cerca de conocer a su dios o a sus dioses? ¿Ese miedo nos impide vivir al máximo? Una noche, en casa, tuve otra revelación inesperada: cuando me muriese, no lo sabría. Mi muerte me liberaría de todo sufrimiento y consecuencia; mi muerte significaría que mi vida y todas mis experiencias, buenas y malas, se habrían acabado. Y esa liberación significaba que la vida era finita y que no tendría que preocuparme por ella eternamente. Esa noche dormí como un tronco y jamás volví a preocuparme por la muerte: al fin y al cabo, no recuerdo nada de antes de nacer, así que seguro que no recodaré nada después de morir (el otro día, oí un chiste que me recordó mi miedo a la muerte antes de descubrir el estoicismo: «Morirse es como ser idiota; solo afecta a los que te rodean»).

Pero puede que a ti no te preocupe nuestra finitud, quizá porque nunca piensas en ella. En la cultura occidental no es especialmente normal dedicar mucho tiempo a pensar en la muerte. Se considera algo extraño, como si estuvieses invitándola a venir o recreándote en algo sórdido y de mal gusto. Lo cierto es que en la antigua Roma pasaba lo mismo: ni a los griegos ni a los romanos les gustaba siquiera pronunciar el nombre de Hades por miedo a evocar su propia mortalidad.

Pero, si lo piensas, es un comportamiento muy raro. A todos los humanos que han vivido o vivirán jamás, desde el más rico hasta el más pobre, del más viejo al más joven, en todos los países y habiendo vivido todas las experiencias posibles, solo hay una cosa que nos une: todos nos moriremos. Es algo que no admite discusión, y no hay riqueza posible capaz de evitar la muerte, y tampoco nadie puede curarla ni huir de ella. Es una verdad universal de la vida: para todos y cada uno de nosotros, y para todos los que nos rodean, todo termina con la muerte. Existe una historia famosa sobre el maestro zen Ikkyū. Ya de niño era muy listo y espabilado, así que cuando rompió una valiosa taza de té antigua de su maestro, el joven Ikkyū escondió los trozos a su espalda. Cuando entró el maestro, Ikkyū le preguntó: «¿Por qué se muere la gente?». El maestro respondió, paciente: «Porque es algo natural. Todo debe morir y solo cuenta con el tiempo que cuenta para vivir». El niño le enseñó los trozos de la taza rota y dijo: «A tu taza le había llegado la hora de morir».

Dicho esto: ¿deberíamos hablar más sobre la muerte? ¿O es demasiado incómodo? ¿Deberíamos estar celebrando que estamos vivos en lugar de pensar en algo que puede generar tanto miedo y angustia como la muerte?

Los filósofos estoicos creían en el *memento mori*, el recuerdo de la muerte. Hace dos mil años, los ciudadanos que seguían a los estoicos llevaban monedas grabadas con esta frase, o con calaveras y relojes de arena, para recordar la inevitabilidad del fin. Incluso antes, el filósofo Diógenes, quien vivía en una vasija, trató de abordar la intranquilidad de sus seguidores ante su muerte segura. Cuando le preguntaron cómo quería que lo enterrasen, les dijo que no se preocupasen, que podían lanzar su cuerpo por encima de la muralla para que se lo comiesen los animales. Horrorizados ante tal idea, le rogaron que se lo replantease: «Está bien —dijo—, ¡dejadme también un palo para que pueda espantarlos!». Sus seguidores dudaron, pues no sabían cómo recordarle que sus días de espantar animales con un palo se habrían terminado, pero él advirtió su confusión. Si ya no tenía la conciencia necesaria como para blandir un palo, ¿por qué había de importarle lo que hiciesen con sus restos físicos? En el siglo XXI, mi equivalente de la percepción que tenía Diógenes de la muerte es un calendario de *memento mori*, un póster grande compuesto de una gran cuadrícula con miles de cuadraditos; cada día que pasa, relleno uno para recordarme lo finita que es mi vida.

Mi pareja y yo también estamos preparando una caja de la muerte, aunque pueda sonar morboso. La vamos llenando con nuestros deseos para después de morir, con las preferencias para nuestros funerales y cosas que dejar a nuestra hija. Cuando mi pareja lo planteó me pareció una idea extraña, pero ahora me encanta la sensación visceral que me da acerca de la mortalidad. Sé que hay a quienes incluso les cuesta hacer un testamento, ya que la superstición los lleva a creer que haberlo hecho hará que lo necesiten, pero en nuestro caso nos ha acercado al *memento mori*, a una tangibilidad física de lo que quedará, en una cajita, cuando inevitablemente muramos. ¿Qué meterías tú en la tuya?

> Podrías dejar la vida en este mismo instante; que eso determine lo que haces y dices y piensas.
>
> MARCO AURELIO

Tal como dijo Marco Aurelio en sus *Meditaciones*: «No, no vas a vivir miles de años. Sobre ti pesa la urgencia. Mientras vivas, mientras puedas, sé bueno». Pocas personas querrían vivir para siempre. Quizá querrían vivir un poco más, o mucho más, pero no para siempre. Sea cual sea la longitud que le ponemos a la vida, tiene un final, y ese final es lo que nos da el sentido de la urgencia y del propósito. Y la vida no es lo único que termina; todo se acaba. Hace poco salí con mis hermanos, y de pronto se me ocurrió pensar que no tenía forma de saber si aquella sería la última vez que estaríamos todos juntos. Si no era esa, sería otra. Y, en lugar de dejar que la idea me hundiese, hizo que el momento fuese todavía más especial, porque era finito. Siempre habrá una última vez en que abracemos a un amigo, cocinemos un plato en concreto, miremos las nubes y nos desplacemos al trabajo. Tanto si la experiencia es buena como si es mala, todas tienen una última vez.

¿Cómo convertimos esto en algo positivo, día tras día?

A menudo pienso que lo más importante que he aprendido en la vida es que un día moriré. Tal vez no fuera eso lo que cambió mi vida, sino la aceptación de la muerte, que me sacó de la monotonía y de la mentalidad de la procrastinación. Es extraño pensar que recordar mi propia mortalidad me ha dado tanta vida, y recordar la muerte a diario hace que los días sean más dinámicos y reales. La muerte no es el enemigo, el enemigo es una vida malgastada, ya que la primera es una certeza y la segunda es un fracaso por nuestra parte. ¿Qué podría hacer que la vida nos pareciese más valiosa que la conciencia de que va pasando? La muerte no es el enemigo. Reconocer y recordar la muerte le insufla un valor nuevo a la vida: es un regalo precioso en el que la mayoría no nos atrevemos a fijarnos, y que, desde luego, no apreciamos.

EJERCICIO

Un hombre dijo una vez: «Me gusta imaginar que ya he muerto y que le he suplicado a Dios que me dé una última oportunidad de pasear por el bosque, de que me rompan el corazón, de enamorarme, de hacer hasta las tareas cotidianas más insulsas. Y trato de vivir como si Dios me hubiese dado esta última oportunidad».

Siéntate en algún lugar cómodo y seguro y cierra los ojos. Imagina que solo te quedan diez minutos de vida, y que estás a punto de perderlo todo: todas las personas, oportunidades y posibles experiencias de tu vida. ¿Qué lamentarías en esos últimos diez minutos? ¿Qué desearías poder hacer de nuevo? Tanto bueno como malo, positivo y negativo, piensa en aquello que ojalá tuvieses una oportunidad de volver a vivir. Imagina la pérdida que supondría, e imagina que te dan la oportunidad de recuperarlo. ¿Con quién te gustaría volver a hablar una vez más?

Después de pensar en tus últimos deseos, pregúntate lo siguiente: ¿cómo te sientes ahora respecto de los detalles más pequeños, como comer algo que te guste o beber un trago de agua fresca? ¿Y qué sientes respecto a las cosas más significativas, como volver a ver a tus amigos y familiares? ¿Qué puedes hacer para que esos deseos den forma al día de hoy? ¿Puedes levantarte cada mañana y vivir una vida en la que no haya nada de lo que arrepentirte?

Hay una expresión que suele asociarse con el estoicismo, *carpe diem*, que significa «aprovecha el momento». Si el día de hoy fuese el último de tu vida, ¿qué harías? Naturalmente, pocos disponemos del tiempo o del dinero necesario para vivir así siempre; sean cuales sean nuestras pasiones, no nos es posible darnos a ellas a costa de nuestras responsabilidades. Pero si se tratase de vivir sin tener que lamentar nada, y si hoy fuese tu último día de vida, ¿cómo te gustaría comportarte? ¿Qué tipo de persona te gustaría ser y qué recuerdo desearías dejar en los demás? ¿Qué tono adquiriría ese último día?

A lo largo de la historia, filósofos, escritores, artistas y poetas han sabido ver que la muerte es lo que le da valor a la vida. Si dispusiésemos de un tiempo infinito con todas las personas a las que queremos, infinitas oportunidades para viajar adonde quisiéramos, para leer todo lo que nos gustaría, para probar todos los trabajos que nos interesan, ¿dónde quedaría la urgencia? Si tuviésemos oportunidades infinitas, ¿cómo íbamos a concentrarnos o a establecer prioridades? Es lo mismo que tener una fuente inacabable de lo que sea: no valoramos ni respetamos aquello que parece no tener fin. Pero cuando solo queda una bolsita de té, ¿cuánto apreciamos esa última taza? Si solo podemos permitirnos salir a cenar una vez, ¿cómo de especial nos parece, en comparación con si pudiésemos salir todas las noches, siempre que quisiésemos?

Nuestras vidas son limitadas y, además, no tenemos forma alguna de saber cuándo llegará su fin.

> La perfección de carácter es vivir cada día como si fuese el último, sin agitación, sin apatía, sin pretensiones.
>
> MARCO AURELIO

Además de evitar grandes arrepentimientos en lo que respecta a nuestras acciones o comportamientos en el lecho de muerte, podemos fijarnos en cómo decidimos pasar cada minuto de que disponemos. Hoy en día es muy fácil coger el móvil y, de pronto, ver que hemos perdido horas deslizando el dedo por la pantalla sin ni siquiera pensarlo. Tal como advertía el escritor y filósofo Aristóteles, una «vida malgastada» es «la mayor de las tragedias». ¿Cómo podemos, pues, evitar malgastar la nuestra?

No estoy diciendo que no cojas nunca el móvil ni te sientes en el sofá por la noche, o que no te pares a mirar por la ventana. A lo que nos animan los estoicos es a hacer todas estas cosas con propósito y desde una conciencia plena. Podemos construir nuestras vidas sobre unos cimientos defectuosos hechos de avaricia, miedo, ego, consumismo o rabia. Podemos decidir pasar tiempo en internet, fijándonos en las vidas de los demás y sintiendo envidia de lo que tienen, planeando cómo comprar nuestras propias versiones, preocupándonos porque nuestras vidas no se parecen en nada a las suyas, o enfadándonos porque a nosotros no nos tratan igual. ¿Qué valor tienen cada una de estas acciones en relación con tu vida real? Imagina que vivieses en medio de la nada, sin móvil, ni noticias, ni redes sociales. No tendrías ni idea de lo enfadado que se supone que tienes que estar, ni de qué moda deberías estar siguiendo, y tampoco tendrías la menor idea de lo asustado que se supone que debes sentirte. ¿No te gustaría, aunque fuese solo de vez en cuando, no tener ni idea de nada? ¿Qué estado de ánimo quieres que impere en tu vida?

Marco Aurelio dijo: «Es momento de darte cuenta de que formas parte del universo, de que has nacido de la propia naturaleza, y de saber que tu tiempo tiene un límite. Utiliza cada momento con sensatez para percibir tu fulgor interno, o desaparecerá y ya nunca estará a tu alcance». Quizá te haya llegado el momento de decidir qué te importa de verdad y qué no.

Es fácil caer en el hábito de pensar que seríamos felices si no fuese por esa pequeña cosa: un objeto que deseamos, el trabajo que deberíamos tener o el comportamiento que querríamos de tal persona. Pero si la consigues, ¿de verdad serás feliz para siempre? La vida no consiste en adquirir, sino en experimentar. La muerte sobrevuela nuestras cabezas para que nos centremos en las experiencias que estamos viviendo, y solo nosotros podemos decidir cómo reaccionamos ante ellas. ¿Nos pasamos la vida persiguiendo únicamente la existencia más cómoda y placentera? Como dejó dicho Marco Aurelio: «¿Es posible un mundo sin dolor? Entonces, no pidas lo imposible». Y si una vida carente de dolor es imposible, ¿cómo lidiamos con una realidad llena de fricciones y dificultades?

EJERCICIO

Coge el móvil y consulta el tiempo que lo has usado durante los últimos siete días. ¿Es más o menos de lo que esperabas?

Si multiplicas las horas diarias por 365 y divides ese número entre 24, obtendrás los días (sin parar para dormir) que dedicas a mirar el móvil al año (para que te hagas una idea, dos horas al día equivale a un mes entero mirando el móvil a lo largo de un año; si son seis horas, serán tres meses al año los que pases pegado al móvil).

Anota qué otras cosas podrías haber hecho con ese tiempo.

¿Crees que podrías reducir a la mitad ese tiempo en cuestión de un mes? Si utilizas aplicaciones que te ayuden a hacerlo o escoges hábitos o pasatiempos nuevos, ¿crees que podrías transformar tu vida, dejando de ser algo que no apreciarías al final, lleno de arrepentimiento, para convertirla en algo que desarrolle tu carácter, fortalezca tu comunidad o te ponga en contacto con otras personas?

Al recuperar algunas de esas horas que dedicas al móvil, ¿notas que tu mente puede relajarse y procesar mejor la información? Toma nota si percibes mejorías en la calidad de tu sueño y en tus habilidades funcionales.

A veces nos parece que aburrirnos es como morir un poco. ¿Cuántas veces has dicho, ya fuese de pequeño cuando te aburrías como una ostra o ahora cuando no tienes acceso a internet, que si no encontrabas algo que hacer, te morirías? Cuando nos aburrimos tenemos la sensación de que estamos echando nuestra vida por la borda, como si estuviésemos siendo castigados por algo que no hemos hecho, o como si de pronto nos viésemos obligados a enfrentarnos a algo terrible sobre la realidad.

El móvil nos ofrece una vía de escape perfecta y sin fisuras de ese aburrimiento. Podemos acceder a él rápidamente y abre ante nosotros un mundo casi infinito de distracciones, entretenimiento e información. Mientras haces cola o esperas el tren, ¿por qué no ibas a toquetear algo que te resultará mucho más interesante, cuando tienes la oportunidad justo ahí? Lo cierto es que, a cambio de la comodidad y de la posibilidad de matar el tiempo, pierdes algo mucho más valioso: la oportunidad de interactuar con el mundo real de una forma que solo tu cuerpo en vida puede hacer, y la oportunidad de aburrirte.

En la acelerada cultura capitalista occidental en la que vivimos, el aburrimiento se considera la mayor de las pérdidas de tiempo y la peor forma de malgastar nuestra vida. ¿Cómo te puedes aburrir cuando podrías estar haciendo contactos, trabajando, conectando con los demás o compartiendo un artículo con un titular de lo más jugoso para hacer crecer tu posicionamiento en internet? ¿Qué podría ofrecerte el aburrimiento que sea capaz de superar todo eso? Pero en lugar de huir del aburrimiento, lo que haces es abrirle la puerta para que ostente aún más poder sobre tu cerebro.

Cuando huimos de algo o nos ocultamos de ello, evitamos enfrentarnos al problema cara a cara. Puede que sintamos que hemos conseguido algo —no me he aburrido mientras esperaba a mi amigo, me he puesto a consultar el correo—, pero en realidad lo que hemos hecho es enseñarle al cerebro, caso a caso, que el aburrimiento es la peor sensación que podríamos tener y que deberíamos evitarlo a toda costa.

De hecho, el aburrimiento tiene muchas ventajas. Aunque podemos huir de él, está siempre presente, casi tanto como la muerte, y al alimentar la introspección y la reflexión, impulsa la creatividad y la resolución de problemas. Permite desarrollar la curiosidad, ya que en nuestra mente se formulan preguntas que de otra forma habrían quedado sofocadas por los estímulos externos. El aburrimiento nos anima a cuestionar nuestras vidas y las acciones que nos han llevado hasta esos momentos de aburrimiento: «¿Debería cambiar de trabajo? ¿Me iría bien cambiar de ruta para ir al trabajo? ¿Lo que hago por las tardes hace que me sienta bien cuando me acuesto?». La oportunidad de aburrirnos estimula la concentración y el autocontrol, ya que la habilidad del cerebro de gestionar el aburrimiento guarda relación con nuestras capacidades en lo que se refiere a la regulación de los propios pensamientos y comportamientos. También es beneficioso para la salud mental, ya que de esta forma el cerebro dispone de unos momentos muy valiosos para respirar sin recibir un aluvión de datos e imágenes. Teniendo en cuenta todos estos beneficios, ¿por qué le ibas a negar a tu mente una oportunidad tan maravillosa de desarrollarse y de disfrutar más de la vida? La cuestión es qué hacemos para disfrutar de verdad de esos momentos de aburrimiento o, sencillamente, de una quietud sencilla. ¿Qué nos recomiendan los estoicos para apreciar cada momento de la vida? El aburrimiento es el espacio en el que puede surgir la introspección.

> No olvides nunca que has de morir; la muerte llegará antes de lo que esperas [...]. Dios ha escrito las letras de la muerte en tus manos. En las palmas verás las letras «M. M.». Significan *memento mori*. Recuerda que has de morir.
>
> JOHN FURNISS

EJERCICIO

Si miras por la ventana, o a las personas y la naturaleza que te rodean, ¿qué ves? ¿Qué hacen? ¿Hay pájaros u otros animales? ¿Cómo es la luz? ¿Qué oyes? ¿Son sonidos artificiales o naturales? ¿A qué huele el aire? Sin levantarte de donde estás, ¿qué texturas notas?

Mientras vives es el único momento en que puedes experimentar todas estas cosas. No importa por lo que estés pasando: estás vivo. Estás rodeado de momentos emocionantes, sorprendentes y preciosos, y los verás si te concedes el tiempo y la oportunidad de parar y fijarte en el mundo externo más allá de las ideas, los miedos y las esperanzas que tienes en la cabeza.

Naturalmente, los conceptos de *conciencia plena* y de *agradecimiento* no se limitan a los estoicos, y de una forma u otra aparecen en muchas religiones y filosofías de todo el mundo, así como a lo largo de la historia y en diferentes culturas. Es evidente que los humanos entendemos el valor que tiene dedicar ciertos momentos del día a limitarnos a existir en el presente, y que aceptar nuestra propia mortalidad es lo que hace que dichos momentos sean tan valiosos. La propia muerte ofrece muchos misterios: nadie sabe qué hay después o qué pasa con las experiencias que hemos ido acumulando.

En una antigua historia budista, a un hombre le regalan un vaso precioso que causa la admiración de todo el mundo y que él utiliza todos los días a la vez que dice alegremente: «¡Ya se ha roto!». Un día, el vaso se cae de la estantería y se hace añicos en el suelo, pero el hombre se queda impasible y simplemente vuelve a decir: «¡Ya se ha roto!». El hombre sabía que era feliz antes de tener el vaso y que lo sería después, puesto que no era más que un recipiente con el que beber, y todo tiene un fin. Tal como dijo Epicteto, en lo que podría considerarse una de las citas estoicas más extremas: «Cuando beses a tu hijo o a tu esposa, di que a quien besas es mortal, pues cuando mueran, no te afectará». Puede que al principio nos cueste aceptar esta idea, pero es cierto: todos somos mortales y todo lo que amamos terminará muriendo. Hoy en día vivimos tan alejados de la muerte durante gran parte de nuestra vida que el estupor que trae consigo nos parece aterrador y extremo. Epicteto tiene razón, y como ese precioso vaso, podemos disfrutar de la misma vida que un día terminará, y con un poco de suerte aliviar el dolor dando la bienvenida a la certeza de la muerte.

La muerte es inevitable; es un hecho. Pero quizá al aceptar su realidad descubramos que la certeza que rodea a la muerte y a nuestra propia mortalidad nos ofrece cierto consuelo. Es un regalo que hace que cada momento de la vida sea especial, siempre que decidamos recordarlo a diario y abracemos el hábito del *memento mori*.

EN RESUMEN

Ten presente la muerte.

Cuando nos enfrentamos a la muerte, la mayoría de los

problemas desaparecen y deja de importarnos lo que piensen los demás.

El pasado ha terminado y el futuro no está garantizado. Disfruta de este momento.

Capítulo 7

¿Es que nadie me entiende?

O cómo la naturaleza nos une

En un mundo que anuncia las redes sociales como una herramienta que nos conecta a todos, y en el que al mismo tiempo todos nos sentimos más divididos que nunca, resulta fascinante recurrir a la idea estoica de la conexión. Es imposible sacar el móvil o ver las noticias sin sentir que las diferencias que nos separan son insalvables, que las discusiones que lo arrasan todo a nuestro alrededor son imposibles de resolver y que no pueden llevar a otra cosa que no sea al derrumbe total de la comunicación, de la política y de la sociedad. Y aun así, los estoicos creen que es la propia naturaleza de la humanidad lo que nos une a todos y a todo.

Sabemos que no estaremos de acuerdo ni nos llevaremos bien con todo el mundo; ¿acaso podemos nombrar a una persona que nos parezca «perfecta», carente de comportamientos que de vez en cuando nos gustaría ahorrarnos? Todos tenemos hábitos y opiniones capaces de llevar a los más serenos a desesperarse, y a menudo las fuerzas que nos rodean nos animan a centrarnos en aquello que nos diferencia, cuando lo cierto es que tratar a los demás como si los quisiéramos nos beneficia tanto a nosotros como a ellos.

Y no se trata de mentir ni de «ser falso», sino de poner en práctica unos hábitos de pensamiento que se van desarrollando y fortaleciéndose a medida que los llevamos a cabo. Si nos centramos en lo que nos divide, ya sean los ingredientes que nos gusta añadir a la *pizza* o cuestiones políticas de más peso, solo veremos las divisiones y las diferencias. En cambio, si adoptamos la rutina diaria de fijarnos en lo que nos conecta, esta forma de ver el mundo pasará a formar parte de nosotros. Dejará de ser un hábito para convertirse en una forma de ser nueva, sean cuales sean nuestras circunstancias actuales. Tiene que ver con un concepto que ya hemos visto, la *sympatheia,* según el cual todos estamos unidos por nuestras respectivas naturalezas y por el mero hecho de existir. Y es que, en realidad, estamos mucho más conectados de lo que nos hacen creer.

Tras pasar varias horas mirando el móvil, a veces puede parecer inútil dar todos los pasos necesarios para ver e interactuar con los demás cara a cara. Pero para llevar una buena vida debemos recordar la conexión que existe entre los humanos y lo mucho que nos hace crecer. Por eso, si empiezas a pensar que los demás no son enemigos en potencia, sino que cada persona del mundo es un amigo potencial, o aún mejor, un posible hermano o hermana, todos salimos beneficiados:

- Aumenta la empatía y el entendimiento de los demás.
- Vivimos en una sociedad que ofrece empatía antes que hostilidad y desconfianza.
- Nos sentimos más unidos a las personas a las que vemos, en lugar de sentirnos amenazados o alienados.
- Sentimos menos miedo, rabia y vergüenza.
- La salud mental mejora porque vivimos en una comunidad que consideramos más segura y cercana.
- Vivimos ciertamente en una comunidad más segura y cercana.

No está mal, ¿no?

> Venerad a los dioses y cuidaos entre vosotros. La vida es corta: sus frutos son el buen carácter y las acciones por el bien común.
>
> MARCO AURELIO

Los estoicos entendieron que, cuanto más conectados estamos, mejor nos sentimos. También sabían que no todo el mundo se sentirá del mismo modo ni se comportará de acuerdo con las cuatro virtudes. Así pues, ¿cómo nos las arreglamos cuando hay quienes siguen cometiendo crímenes o quebrantando los códigos morales?

En sus *Meditaciones,* Marco Aurelio también dice que «los

hombres nacen por el bien de los demás. Así que o enseña o tolera». En otras palabras: hemos venido a ayudarnos mutuamente, y en parte eso significa que podemos o bien decidir aceptar en silencio los comportamientos ajenos, o bien asumir la responsabilidad de educarlos en aquello que pueden mejorar para seguir las cuatro virtudes.

En la civilización occidental actual, creemos que todo crimen debe ir acompañado de su castigo. Pero ¿y si en lugar de los castigos, o además de ellos, brindásemos la posibilidad de reformarse, nos tomásemos el tiempo para entender por qué se ha cometido el crimen en cuestión y cómo podemos evitar que vuelva a ocurrir, ya sea a manos de la misma persona o de otras que puedan encontrarse en las mismas circunstancias? En el mundo occidental, los índices de reincidencia son elevados, a pesar de que nadie quiere volver a la cárcel; ¿no deberíamos, pues, plantearnos cambiar nuestra forma de ver a quienes han cometido esos delitos? En países como Noruega, donde los índices de reincidencia son los más bajos del mundo, se centran en la justicia restaurativa y en la rehabilitación. Trabajan con los presos para entender qué han hecho mal y les proporcionan herramientas prácticas para tomar mejores decisiones para ellos y sus comunidades. Según los principios estoicos, todo sistema de justicia debería centrarse en educar al «enemigo» y acercarlo a la sabiduría, y no en aumentar el sufrimiento global del mundo.

Así, la responsabilidad del estoico consiste en enseñar a los demás a comportarse mejor, en vivir según las cuatro virtudes y en ofrecer opciones a quienes no las siguen.

Muy bien, y eso, ¿cómo lo aplicamos a la vida cotidiana?

> El hombre es por naturaleza un animal social; el insocial por naturaleza y no por azar es o un ser inferior o un ser superior al hombre.
>
> ARISTÓTELES

A menudo, el estoicismo puede interpretarse de un modo muy distinto de la filosofía original. Algunas personas oyen la palabra *estoico* y se imaginan a una persona dura, áspera, fría, en una isla separada de todos los demás, como si fuese un mecanismo de defensa efectivo contra cualquier cosa que pudiese hundir la moral de un estoico.

Pero esa interpretación es errónea, y no solo en lo que respecta al estoicismo, sino también a la humanidad. Cuando nos aislamos, no crecemos. El aislamiento no es signo de fortaleza, sino de debilidad. Los humanos no habríamos sobrevivido si hubiésemos aislado a los débiles de los fuertes; somos una especie que apoya a los heridos o enfermos, que conecta con ellos y los cuida. Aprendemos de los miembros más mayores y de los más jóvenes de nuestra comunidad.

Desarrollamos ideas juntos y nos recuperamos de las dolencias físicas y mentales solo porque hemos aprendido a confiar los unos en los otros. La verdadera fuerza no surge de aislarse del mundo, sino de abrirse a él, de dejar que la vida te atraviese sin oponer resistencia. Los mecanismos de defensa están ahí porque tememos ser débiles y que alguien se aproveche de nuestra debilidad. Por eso, si logramos arraigar en nuestra mente la idea y el hábito de pensar que los demás están conectados a nosotros, que todos formamos parte del mundo juntos, no solo reduciremos nuestra necesidad de defendernos, sino que también impulsaremos la realidad de un mundo conectado. En la mentalidad estoica, rechazar nuestra naturaleza social nos hace poco más que un animal sin capacidad de razonar, y aceptar la conexión entre todas las personas es nuestro mayor punto fuerte. Nuestra existencia depende de la capacidad de trabajar juntos, y ha resultado fundamental para la supervivencia de la especie durante cientos de miles de años. Pedir ayuda no significa tirar la toalla, sino todo lo contrario. Podemos demostrar la sabiduría suficiente como para entender que otras personas pueden tener las respuestas, y el coraje suficiente como para querer que nos orienten.

No siempre es fácil acudir a los demás; a veces cuesta incluso hablar de cualquier cosa y mirar al otro a los ojos, escuchar a personas que normalmente no elegiríamos, y dar la bienvenida a otras de quienes discrepamos diametralmente.

Pero también suele ocurrir que, por su propia naturaleza, las conexiones más extrañas nos ofrecen unos conocimientos, unas experiencias y una empatía que de otra forma no habríamos buscado porque habríamos carecido de las conexiones necesarias para saber lo que nos estábamos perdiendo. Si nos quedamos en la cómoda compañía de aquellos que siempre nos dan la razón, creamos una cámara de eco que hará que nunca lleguemos a vivir nada nuevo, ni nos enfrentemos a los retos necesarios para crecer.

EJERCICIO

La próxima vez que salgas de casa, fíjate en los juicios de valor que hagas sobre los demás. ¿Te asustan? ¿Hacen que te sientas poco seguro de ti mismo? ¿Sientes que te están causando algún problema o que podrían causártelo?

Dedica un momento a pensar en las posibles razones que explicarían los comportamientos que estás percibiendo como negativos. ¿Puede ser que la persona en cuestión no hable tu mismo idioma y que le cueste comunicarse o ubicarse? ¿Puede que esté bajo muchísimo estrés o preocupado por alguna noticia que le han dado? ¿Puede que esté muy concentrada en sus propios pensamientos y que eso haga que parezca agresiva o enfadada? ¿Estás haciendo tú alguna de estas cosas de forma que provoquen algún tipo de reacción en los demás?

¿Crees que puedes reconocer tus reacciones ante los demás y cambiarlas? Si te cuentas una historia sobre las cargas que pueden llevar encima los demás, ¿te ayuda a rebajar la sensación de amenaza o de «otredad» que habías percibido en ellos al principio? Tras hacer este ejercicio durante un solo día, ¿cómo te sientes?

Vemos a los desconocidos —y, a menudo, también a los conocidos— a través de nuestras ideas preconcebidas. El día que hemos tenido afectará a cómo percibimos a los demás. ¿Acaso no es extraño que una persona verdaderamente feliz crea que las personas de su alrededor albergan malas intenciones? ¿Y cuántas veces hemos tenido un día horrible y hemos decidido que los demás nos «miran mal» o nos están «provocando» de un modo u otro?

En 2012, el escritor John Koenig acuñó el término *sonder* en el *Dictionary of Obscure Sorrows* [Diccionario de penas insondables], un proyecto en el que puso nombre a los sentimientos que todavía no se podían expresar en lengua inglesa. Describió su significado como «la sensación profunda que supone darse cuenta de que todas las personas, incluidas las desconocidas con las que nos cruzamos por la calle, tienen una vida tan compleja como la propia y que la viven constantemente a pesar de nuestro total desconocimiento».[9] El estoicismo anima a tener esta idea presente, ese hondo sentimiento de que sea lo que sea lo que nos diferencie, las ricas vidas internas que vivimos y la propia humanidad que nos caracteriza nos unen de una forma mucho más importante, práctica y emocional.

> El universo creó a las criaturas racionales para su bien mutuo, con una sensibilidad inclinada hacia el beneficio común a partir del valor verdadero, y nunca para su perjuicio.
>
> MARCO AURELIO

A pesar de nuestros defectos, somos mucho más racionales de lo que creemos. Muchos de nuestros peores sentimientos —el miedo, la ansiedad y la rabia— surgen de nuestras experiencias vitales o de las experiencias puntuales ajenas que nos han contado. Pero eso no significa que dichos sentimientos, con los que cargamos sin cuestionarlos, a veces durante décadas, sean racionales.

Tal como expresó alguien en Tumblr, «si circulas siempre por el mismo camino, pronto se convertirá en el único que podrás seguir». Es una forma perfecta de fijarnos en los cambios que podemos implementar en la vida diaria: si dejamos que nuestros pensamientos se guíen solo por el miedo y la rabia, enseguida seremos incapaces de pensar de otra forma, y esa será la «realidad» de nuestro mundo. Pero si nos desviamos un poquito de la desconfianza y de las preocupaciones, si dejamos de considerar que todo el mundo es un peligro o un enemigo en potencia, reduciremos el riesgo de que todos nuestros días estén llenos de desconfianza, miedo, peligros y enemigos.

EJERCICIO

¿Cuándo fue la última vez que fuiste testigo de un gesto amable entre dos desconocidos? ¿Has llevado a cabo o vivido algo parecido en tus propias carnes? ¿Qué efecto crees que tuvo dicho gesto en la vida de los implicados?

Esta semana, procura encontrar un momento en el que llevar a cabo un gesto amable por un desconocido, como recoger algo que se le haya caído al suelo u ofrecerle compartir el paraguas. ¿Cómo te has sentido, antes y después? ¿Te ha hecho sentir conectado con las personas que te rodean? ¿Volverías a hacer algo parecido en el futuro?

Hace unos años, padecía una ansiedad terrible y me costaba incluso salir de casa. Siempre caminaba con la cabeza gacha, convencido de que los demás me miraban y hablaban de mí, algo a lo que ahora llamamos *efecto reflector* y que consiste en creer que se nos presta mucha más atención de la que de verdad recibimos. Pero un día empecé a ver a los demás como si fuesen familiares, como personas con sus propios problemas, y que eran hijos, hijas, novios, novias, esposos, esposas, trabajadores, trabajadoras, hermanos y hermanas. Me di cuenta de que eso que yo sentía podían estar sintiéndolo ellos también, y que yo no era el centro del universo. La mayoría de las veces, pensé con un inmenso alivio, nadie se fijaba siquiera en lo que yo hacía, llevaba puesto o decía. No hacía falta que me obsesionase tantísimo conmigo mismo porque, en el contexto general, yo no significaba gran cosa para la mayoría y, de hecho, lo que sí podía hacer era ayudar a los demás con sus problemas.

Somos perfectamente capaces de entrenar algunos de nuestros pensamientos. A menudo, las preocupaciones y las ansiedades surgen de la práctica: cuanto más nos preocupamos, mejor se nos da. Cuanto más nos recreamos en aquello que nos genera ansiedad, más crece y más accesible resulta para el cerebro. Si podemos salir de nuestra zona de confort y darnos cuenta poco a poco de la «irrealidad» de muchos de nuestros miedos, tendremos la posibilidad de debilitarlos hasta hacerlos desaparecer. Cuanto más presentes estemos en nuestra propia existencia, más nos daremos cuenta de que no necesitamos esos miedos, lo que nos dará el espacio necesario para entregarnos a lo que sí está pasando en el momento.

> Todo lo que la Tierra produce se crea para el uso del hombre; y como hombres, también nacemos por el bien del hombre, con el fin de ayudarnos los unos a los otros; en esta dirección hemos de seguir a la naturaleza como guía, para contribuir al bien general con el intercambio de gestos amables.
>
> CICERÓN

Muchos estoicos creían que los productos de la Tierra —los animales, las plantas y el agua— eran para el disfrute de los humanos, pero jamás podrían haber imaginado el efecto que hemos tenido en nuestro entorno en los últimos pocos cientos de años y el impacto que hemos tenido sobre aquellos. ¿Qué habrían pensado sobre el uso que hacemos de la Tierra en este mundo industrializado y globalizado?

En este punto, las metáforas sencillas del estoicismo resultan claves. Si te portas mal con tu entorno, tendrás un entorno maltratado; así pues, si maltratamos nuestro entorno contaminándolo y explotándolo, viviremos en un ambiente explotado y contaminado. Aunque los estoicos de la época clásica aplicaban la lógica, los estoicos modernos pueden limitarse a aplicar una visión global. Todos estamos conectados, así que tanto si hablamos del entorno —porque todos son iguales en el sentido de que debemos cuidarlos y respetarlos, ya sea el entorno de un ciudadano de China o Bangladés como de Estados Unidos— como de la comunidad —ya que dichos ciudadanos también forman parte de nuestra comunidad de humanos—, la perspectiva estoica se basa en asegurarnos de que lo que es bueno para nosotros lo sea para todos los demás.

El escritor de blogs de viajes Matt Kepnes ha observado que «las personas son iguales en todas partes. Al interactuar con ellas, al observar cómo se desplazan al trabajo, recogen la colada, van a hacer la compra y hacen todas esas cosas cotidianas que realizas tú en tu casa, asimilas la idea de que, en el fondo, todos queremos lo mismo: ser felices, sentirnos seguros, y tener amigos y una familia que nos quiera. El cómo hacemos nuestras cosas es diferente, pero el porqué es universal».[10] La humanidad tiene un aspecto universal que solemos pasar por alto, y es que, por usar términos estoicos, el fuego arde hacia arriba, las plantas crecen, los animales migran y alimentan a sus crías, y la naturaleza de los humanos consiste en razonar. Todos compartimos esa naturaleza, y todos somos capaces de desarrollarla, algo que a los defensores de la filosofía en internet a veces les cuesta aceptar. Ha habido gente que ha tratado de discutirme que las mujeres puedan ser estoicas, y lo cierto es que me da vergüenza que tengamos siquiera que discutirlo. Que le pregunten a Porcia Catón, hija de Catón el Joven y esposa del asesino del César, Bruto, quien dijo de su mujer: «A pesar de que la debilidad natural de su cuerpo le impide hacer lo que solo los hombres fuertes pueden, tiene una mente tan valerosa y activa para el bien de su país como el que más». O que le pregunten a Musonio Rufo, quien aclaró: «No son solo los hombres quienes poseen un afán y una inclinación natural hacia la virtud, las mujeres también. A las mujeres les complacen las acciones nobles y justas tanto como a los hombres, y rechazan lo contrario a ellas. Siendo así, ¿por qué es apropiado que los hombres busquen y estudien cómo vivir bien, es decir, practicar la filosofía, pero no así las mujeres?». O a Fania, una estoica del siglo I a.C. a quien mandaron al exilio en repetidas ocasiones por su apoyo al estoicismo y sobre cuya inminente muerte Plinio el Joven escribió: «Me duele pensar que se nos arrebate a una mujer tan excelente, a quien me temo que no volveré a ver». O a Elizabeth Carter, la progresista del siglo XVIII que fue la primera persona en traducir los *Discursos* de Epicteto al inglés y que prestó su apoyo tanto a la Sociedad para la Abolición de la Trata de Esclavos como al Círculo

Bluestocking, uno de los primeros grupos feministas que abogaba por la educación de las mujeres. Es una discusión sin fundamento: naturalmente que las mujeres son estoicas, igual que lo son todos los seres humanos, independientemente de su sexo, que se rigen por el raciocinio. Y es que regirse por ese raciocinio, aprovecharlo y practicarlo, es vivir de acuerdo con lo que hace a los humanos únicos entre todos los demás seres vivos.

Tener referentes es imprescindible, tanto en lo que respecta a los comportamientos como a las acciones. Los buenos referentes plantan las semillas de los comportamientos buenos futuros en aquellos que los siguen. Aunque con hacer el bien ya basta en el estoicismo, existe la posibilidad de que esas buenas acciones se imiten y se extiendan en los meses o en los años venideros. Cuando vemos que alguien se muestra amable, nos motiva a cuidar de quienes puedan necesitarlo; cuando vemos que alguien cuida de la naturaleza y de su entorno, los demás nos sentimos motivados a imitar su comportamiento y a ayudar a que la naturaleza florezca, a que tenga la oportunidad de recuperarse y, a su vez, motive a los demás a cuidar de las plantas y de los animales.

Si somos capaces de asimilar profundamente la idea de que somos una única comunidad en la que existen opiniones y costumbres infinitas, y que todos compartimos el mismo hábitat, abrimos la puerta a la empatía, a la paz, a la recuperación del entorno y a la mejora de la salud global.

EN RESUMEN

Todos vivimos una existencia interconectada, y todas las acciones que se llevan a cabo la atraviesan.

Decide qué quieres aportar tú al mundo.

Capítulo 8

Pulgar arriba, pulgar abajo

O el bien y el mal

Hagan lo que hagan y digan lo que digan los demás, yo debo ser un buen hombre. Es como si una esmeralda, o el oro o la púrpura dijesen siempre: «Hagan lo que hagan y digan lo que digan los demás, debo ser una esmeralda y conservar mi propio color».

MARCO AURELIO

Como decíamos en el capítulo 5, Marco Aurelio fue un gran hombre que tal vez no consiguió ser todo lo bueno que hubiera querido. Escribía para lidiar con su conciencia acerca de la muerte y sus problemas con la rabia, y para esforzarse cada día por alcanzar su objetivo de bondad y cumplir con las cuatro virtudes.

Pero también creía que ser bueno es un rasgo inherente al hombre, y que aunque el mal existe y siempre existirá, es nuestra obligación como estoicos y como humanos conocer el verdadero camino hacia la *eudaimonia*, conectar con los demás y hacer todo el bien que podamos. Hacer algo aparentemente tan difícil no significa que el esfuerzo no merezca la recompensa.

Por desgracia, es fácil caer en el cinismo y abandonar toda esperanza. Es fácil creer que el mundo es un desastre, que nada bueno dura, que todo tiene un fin y que a las personas buenas les pasan cosas terribles. Puedes creerlo, dejar de tener esperanza, y sí, tu vida será de lo más lúgubre, pero será fácil y no tendrás que esforzarte por nada o arriesgarte a que te demuestren que te equivocas. Te liberará para que vivas como quieras porque, al final, nada importa. Esta forma de pensar puede volverse terriblemente cómoda en un visto y no visto.

Porque tener esperanza requiere esfuerzo, y las personas valientes ven el lado bueno de las cosas, incluso si ellas mismas no han tenido demasiada suerte. La bondad también cuesta trabajo. Si una persona «mala» quiere dinero, puede robarlo o explotar a los demás para conseguirlo, mientras que una persona «buena» no recurrirá a las mismas estrategias. La «maldad» es fácil y no requiere de moral ni fuerza interna, mientras que la «bondad» exige una verdadera fortaleza. ¿Te acuerdas de Ned Flanders, de *Los Simpson*, el amable y solícito vecino que vive al lado de la familia Simpson durante más de treinta años? En ciertos sentidos es un tontorrón de lo más cómico, el saco de boxeo que recibe todos los golpes de la ira, la avaricia o la holgazanería de Homer, pero su fuerza interna y sus creencias morales le permiten mantener su filosofía basada en la bondad, sin importar lo que le pongan por delante.

A lo largo de la vida, todo el mundo se enfrenta básicamente a los mismos problemas, y si podemos atravesarlos y seguir siendo buenos, seguir tomando decisiones que aporten cosas buenas al mundo, estaremos demostrando una fuerza inmensa. En algunos de los momentos más desoladores y duros de la historia de la humanidad ha habido personas que han mantenido vivas la esperanza y la bondad, la generosidad y el buen humor, el optimismo y la amabilidad. Si hasta en los actos más horribles de la maldad humana puede haber personas que se comporten de forma impecable, ¿qué podemos hacer nosotros, en este preciso momento, en nuestra propia vida?

Puede que Ned Flanders resulte cómico al lado del «realismo» cínico de Homer, pero ¿quién lleva una vida más agradable? En cada capítulo, Homer es presa de la rabia, de la frustración, de la insatisfacción y de la desesperanza, mientras que la vida de Ned está llena de alegría, amor, bondad y optimismo. No importa qué le lance Homer a la cara (a veces incluso literalmente), que Ned siempre opta por creer la mejor versión, y su recompensa son los sentimientos que implica su visión de la vida. La esperanza y el amor no son ni una debilidad ni una opción para blandengues: exigen una filosofía moral definida que nos proporcione las herramientas necesarias para ver el mundo como un lugar mejor al que merece la pena contribuir con nuestro granito de arena de bondad.

Existen ciertos grupos sociales, especialmente en internet, que creen que la fortaleza consiste en no aceptar nada de nadie. Esta visión consiste en aislarse para desarrollar fortaleza mental, dejar de apoyarse en los demás, comportarse de la forma que crees que te beneficiará más, poner a los demás por «debajo» de ti y, a menudo, creer que las mujeres tienen la culpa de todo lo que a los hombres de estos grupos no les gusta de sus vidas. Creen que, al aislarse de los miembros más «débiles» de la sociedad, se convierten en los hombres «fuertes» que «deberían ser»; tienen tanto miedo de ser vulnerables que apartan al mundo a un lado y ocultan su dolor tras una falsa seguridad que, en realidad, lo que hace es impedir que sean la mejor versión de sí mismos que podrían llegar a ser. Escuchar las críticas y sentir el dolor que provocan, trabajar en uno mismo, y mantenerse abierto al optimismo y a la alegría requiere de muchísima fuerza. ¿Cuántos de estos grupos estarían dispuestos a hacer justamente eso, a establecer las conexiones que necesita la sociedad para crecer y mejorar, tanto de forma colectiva como individual? Es fácil burlarse del tipo de trabajo duro que lleva a cabo Ned Flanders para convertir su mundo en un lugar caracterizado por la bondad, y dejar a alguien peor de lo que estaba no cuesta nada; lo que cuesta y requiere fuerza y esfuerzo es cambiar el propio comportamiento y hacer el tipo de cosas que mejoren la situación de todos. Pero ese es justamente el quid de la cuestión: que sí mejora la situación de todos.

EJERCICIO

A continuación veremos lo que se conoce como *premeditatio malorum* o meditación negativa.

Siéntate en un lugar tranquilo. Imagina que te ha pasado algo terrible, algo a lo que quizá le tengas mucho miedo. Puede que prefieras quedarte ahí por ahora, o quizá puedas seguir avanzando con el ejercicio.

Si puedes, imagina que todo se ha ido al traste. Que lo has perdido todo y que te has quedado solo en el mundo.

Asimila ese pensamiento durante un momento. Permítete aceptar que todo pasa.

Ahora, recuérdate que nada de eso ha ocurrido. ¿Te sientes agradecido por lo que tienes? ¿Crees que podrías practicar la gratitud todos los días? Habrá un día en que lo pierdas todo, pero ¿acaso la gratitud no nos da más oportunidades de hacer el bien en el mundo?

> No malgastes más tiempo hablando de cómo debería ser un hombre bueno. Sé ese hombre bueno.
>
> MARCO AURELIO

Fred Rogers fue un pastor estadounidense, creador del programa televisivo educativo para niños llamado *Mister Rogers' Neighborhood* [*El barrio del señor Rogers*]. Dicho programa se centraba en hacer que los niños sintiesen asombro, curiosidad y empatía por el mundo que los veía crecer. En una entrevista para la Television Academy Foundation, hizo una célebre declaración: «De pequeño, cuando veía cosas que me daban miedo en las noticias, mi madre me decía: "Busca a los que ayudan. Siempre encontrarás a alguien que esté ayudando"».[11] Sus consejos estaban dirigidos a los niños, para ofrecerles consuelo cuando azotaba la catástrofe, pero también es aplicable para los adultos que vemos las noticias globales sin poder hacer nada al respecto; y en el caso de los estoicos, podemos llevar ese consejo aún más lejos y convertirnos en los que ayudan en la práctica. Durante la pandemia de COVID-19, la sociedad no se vino abajo: en esos momentos de dificultad e incertidumbre, los vecinos se ayudaron mutuamente, los países se organizaron para hacer donaciones y compartieron sus descubrimientos científicos, y las personas de a pie tratamos de mantener conexiones de mil maneras, ya fuese tocando música en el balcón o creando grupos de WhatsApp en las comunidades para echar un ojo a las personas vulnerables. Cuando estalló la guerra en Ucrania, se hicieron donaciones de ropa, comida, suministros, personal y dinero desde todos los rincones del mundo. La gente quiere ayudar.

Naturalmente, no hace falta esperar a que ocurra una desgracia para ayudar a los demás. La mayoría de los días, casi nadie se enfrenta a un hecho catastrófico, pero sí viviremos dificultades, accidentes y faltas de compasión. Todos podemos elegir hacer el bien en esas ocasiones, en cada una de las situaciones que presenciemos.

Recuerdo una vez que iba conduciendo por una ciudad donde había nevado y vi a un grupo de chavales a un lado de la carretera que se estaba dedicando a mirar los coches que pasaban por allí deslizándose sobre el hielo. Pensé, recordando cómo era yo a su edad, que estaban esperando para bombardear los coches o a sus pasajeros con bolas de nieve, pero conforme los miraba me di cuenta de que estaban esperando para ayudar. Entre aquel caos y bajo el mal tiempo que hacía, empujaban los coches que lo necesitaban, con una actitud tranquila y alegre, y muchos coches que se habrían quedado atrapados allí durante horas lograron llegar a casa sin problemas gracias a aquellos niños. Durante semanas no pude dejar de pensar en ellos, asombrado por haber malinterpretado hasta tal punto la situación y por cómo habían elegido no existir en el mundo como observadores de las dificultades, sino como participantes activos de la bondad, utilizando su oportunidad de ayudar. Lo único que les hizo falta fue decidir hacer lo correcto en ese momento. En otra ocasión, vi a un niño que esperaba en la parada del tranvía, al que todos miraban por la «mala pinta» que tenían su ropa y su actitud. Yo también hice todo tipo de juicios de valor a partir de su apariencia. Me llevó un momento darme cuenta de que estaba recogiendo basura sin que nadie se lo pidiese ni controlase lo que hacía; era evidente que lo hacía mientras esperaba a que llegase el tranvía porque creía que era lo mejor que podía hacer con su tiempo. Ese chico es la razón por la que ahora recojo basura cuando salgo a pasear.

A menudo no nos cuesta nada hacer este tipo de buenas acciones, pero, aun así, dudamos. ¿Y si alguien no quiere nuestra ayuda? ¿Y si no le parece bien lo que le ofrecemos? ¿Y si lo hacemos mal? ¿Y si empeoramos las cosas? Pero recordamos las veces que alguien ha querido hacer algo por nosotros, ¿a que sí? Esos momentos en los que nos sentimos desesperados, solos y vulnerables, y alguien, sin motivo alguno, dio un paso al frente y nos ayudó, ya fuese en el sentido práctico o en el emocional. No tenía por qué haberlo hecho, no quería nada a cambio; fue, simplemente, un gesto sencillo de bondad humana que seguramente nos alegró el día y que luego recordamos durante mucho tiempo. Tal vez incluso nos influyera para tener nosotros también gestos de bondad con los demás, sin esperar recompensa alguna a cambio, ni por ningún propósito en concreto. Un comentario amable o una sonrisa pueden permanecer con nosotros durante mucho tiempo, igual que ocurre con un gesto desagradable. Pero ese gesto positivo logra romper el hechizo que nos hace ver el mundo como un lugar nefasto. Si el mundo es tan terrible, ¿por qué nos iba a sonreír alguien sin motivo alguno?

EJERCICIO

Este ejercicio es similar al del capítulo anterior, solo que esta vez, en lugar de centrarnos en cómo podemos aportar bondad a las vidas de los desconocidos, nos fijaremos en cómo hacerlo con las personas de nuestro entorno.

Cuando prepares la comida, ¿por qué no haces una ración extra para compartirla con alguien? ¿Puedes llevar a un amigo en coche a algún sitio, aunque no te quede de paso? ¿Y preparar una ronda de cafés para tus compañeros de trabajo o enviarle una tarjeta a alguien con quien hace tiempo que quieres retomar la relación?

Dedica un momento a pensar qué efecto tendrían en ti estos gestos si fueses tú quien los recibiese.

Piensa en el poder que tienes de alegrarle el día a alguien y en la diferencia que eso puede suponer.

En la filosofía estoica, el mal existe en la forma de los cuatro vicios: la necedad, la injusticia, la cobardía y la intemperancia. Como ya hemos visto, un objeto no es ni bueno ni malo de por sí: son los vicios o las virtudes de los que lo acompañamos lo que dicta su condición. El dinero es neutro en sí, pero si lo usamos para explotar o maltratar a los demás, se convierte en un vicio. En cambio, si lo invertimos en ayudar a los demás, es virtuoso. Pero es mucho menos probable que hagamos algo «malo» a partir de una virtud: poco daño podrá causar ser demasiado sabio, justo, valiente o templado. Lo mismo ocurre al contrario: muy pocas veces surgirá una consecuencia positiva de la necedad, la injusticia, la cobardía o la intemperancia. Alguien que actúa guiándose por el vicio no estará tratando de hacer el bien, y alguien que actúa a partir de la virtud raramente terminará causando daño.

Tal como dijo @cryptoseneca en Twitter, «es fácil ver un coche amarillo si buscas un coche amarillo». Es lo que se conoce como el *fenómeno Baader-Meinhof*. Si te propones encontrar un coche amarillo, de pronto empiezas a verlos por todas partes: ¿cómo no te habías dado cuenta nunca de la cantidad de coches amarillos que circulan por las calles? Si te concentras en algo, siempre lo encontrarás, y es que allá donde dirijas tu atención estarás dirigiendo también tu energía. Si inviertes toda tu energía en creer que el mundo es un lugar nefasto habitado por personas malas que hacen cosas siniestras y que la gente como tú solo recibe pisotones y empujones, eso es justamente lo que verás. Si ves el mundo desde la cobardía, la necedad, la injusticia y la intemperancia, eso es lo que el mundo te transmitirá de vuelta. Hacerlo es muy fácil, pero la vida se te hará mucho más cuesta arriba. No te llevarás ninguna decepción, pero sí rebajará tu altura moral, porque, si todo el mundo lo hace, ¿por qué no ibas a hacerlo tú?

Piensa en lo agotado que te sientes cuando todas las anécdotas que cuentas tras haber tenido un día muy duro tienen que ver con todo lo malo que te ha pasado: ¿te sientes mejor al desahogarte, o te quedas con la sensación de que tu visión del mundo no termina de ser la adecuada y de que no has contado la versión correcta de cómo es el mundo en realidad? Tal como dijo Marco Aurelio: «El alma se tiñe del color de sus pensamientos».

Piensa en la historia de dos gemelos que crecen en el seno de una familia en la que el padre es alcohólico y muy agresivo. De adultos, uno de los gemelos se ha convertido en un maltratador alcohólico con un divorcio a sus espaldas, mientras que el otro es un padre y un marido cariñoso. Cuando les preguntan por qué han salido como han salido, ambos responden lo mismo: «Porque mi padre fue un borracho muy violento y agresivo». ¿Queremos perpetuar el mal que nos rodea o queremos coger las riendas de nuestra forma de ver las oportunidades que se nos presentan?

EJERCICIO

Al principio puede que te cueste reconocerlos, pero trata de advertir los pequeños gestos de bondad y los pequeños placeres que se dan en el mundo. En el móvil o en un cuaderno, anota los ejemplos que vayas observando, ya sea una gran tormenta o un pajarito o alguien que te aguanta la puerta al entrar en una cafetería.

Pronto empezarás a verlos por todas partes.

Alguien del trabajo ha hecho un bizcocho y lo ha traído para compartirlo. ¿Acaso eso no es un gesto amable? En el autobús, alguien te ha dado su periódico. No has conseguido ese ascenso, pero has podido practicar para la siguiente entrevista que hagas. Se te ha quemado la comida porque la has dejado demasiado tiempo en el horno, pero ahora tienes la oportunidad de probar ese restaurante de comida para llevar que han abierto en la esquina. ¿Y lo simpáticos que han sido cuando has ido a recoger tu pedido?

Cuando haya pasado una semana, fíjate en cómo te sientes al leer la lista. ¿Crees que ahora te resulta más fácil advertir los gestos amables que te rodean?

Cuando una situación realmente difícil se cruza en tu vida, ¿sigues siendo capaz de ver lo bueno que hay en el mundo?

Igual que existe el bien, existe el mal. Siempre habrá quien se comporte mal, igual que siempre habrá quien se comporte bien, pero la filosofía estoica nos enseña que aceptar lo malo no tiene por qué significar que veas el mundo como un lugar desagradable; más bien, lo que esa aceptación significa es que ves en qué lugares puedes adentrarte para practicar la bondad y ser lo suficientemente valiente como para tener gestos amables incluso cuando parecen desmerecidos o innecesarios. Recuerdo que una vez estaba en un centro comercial y me pasé un minuto o dos observando a alguien que se había caído. Todo el que pasaba por su lado seguía su camino sin ni siquiera bajar el ritmo, así que me quedé mirando, dando por sentado que la persona que seguía en el suelo ya había pedido ayuda o que no la necesitaba, y que quizá tampoco querría que le echara una mano. Es lo que se conoce como *efecto espectador*, y consiste en que, cuantas más personas, más damos por hecho que habrá otro más preparado para ayudar a alguien que lo necesita, y que puede que la propia ayuda resulte una molestia o incluso suponga un riesgo. Al final reuní el valor necesario y fui a preguntarle, y resultó que sí que necesitaba que le echase una mano. Al confiar en las actitudes de los demás, casi actúo de la forma incorrecta.

Puedes eliminar el poder del mal con solo saber que puedes hacer el bien en cada instante. Siempre habrá espacio para hacer lo correcto. Unos dos mil años después de los filósofos estoicos originales, el escritor escocés Robert Louis Stevenson se dio cuenta de ello y apuntó lo siguiente: «No juzgues cada día por la cosecha que recoges, sino por las semillas que plantas».

Siempre puedes escoger qué perspectiva quieres adoptar y en qué tipo de mundo vives.

EJERCICIO

Piensa en el juego *Estoicismo*™ del capítulo 5 e imagina que todas las personas maleducadas con las que te cruzas forman parte de él. No están ahí para molestarte ni para importunarte a ti personalmente, sino que pertenecen a un tipo humano que, en ese momento, encarna a la persona maleducada. Son un fenómeno natural y forman parte de la humanidad tanto como la vida y la muerte. Limítate a observarlas.

Fíjate en lo que hacen y en cómo expresan su falta de educación. ¿Lo hacen a través de la rabia? ¿Del sarcasmo? ¿De la agresividad? No tienes poder alguno sobre sus decisiones, pero ¿crees que podrías tener algún detalle amable con esa persona maleducada en concreto? ¿Quizá ofrecerle tu asiento o preguntarle si quiere un café?

La empatía estoica te permitirá entender que esta persona maleducada todavía no ha aprendido a expresar lo que siente, y para ti no deja de ser una oportunidad para practicar tus habilidades en *Estoicismo*™.

No expliques tu filosofía. Encárnala.

EPICTETO

Mucho se ha hablado de Epicteto, un filósofo estoico aquejado de una discapacidad física que nació en el esclavismo y vivió una vida llena de dificultades. Tras todo lo que tuvo que pasar, escogió el camino del estoicismo y se convirtió en un filósofo práctico muy aclamado. Predicaba sus enseñanzas con el ejemplo y aplicaba la filosofía que enseñaba a su propia vida. No se conserva ningún escrito que pudiese producir; de hecho, se cree que se centraba tanto en vivir de acuerdo con los principios estoicos y en enseñar a los demás en el momento que los únicos escritos que tenemos proceden de los alumnos que anotaban sus palabras a medida que las pronunciaba.

Pero el estoicismo ha perdurado no solo en los escritos que han sobrevivido y que se han ido transmitiendo de generación en generación. El estoicismo sigue enseñándose —y practicándose— porque es una filosofía que se va desarrollando y va evolucionando con el tiempo. Tal como era costumbre en aquella época, algunos de los primeros estoicos tenían esclavos, mientras que los estoicos de hoy tienen en cuenta el entorno y el desarrollo global, la psicología moderna y la transformación social. El estoicismo va cambiando a medida que avanza la historia porque el mundo va cambiando, pero para ser un verdadero estoico no hace falta saber nada sobre la historia del estoicismo.

Siempre que pienso en el barrendero que me dio aquel libro en la parada del autobús me quedo sin palabras ante su gesto. No tenía motivo alguno para fijarse en mí, para recordar lo que hacía cada mañana, para ver el libro y relacionarlo con mi hábito lector, para recogerlo y guardármelo, y para buscarme y regalármelo. No había nada que motivase ninguna de esas acciones por su parte, pero optó por hacer el bien, y su gesto ha permanecido en mi memoria durante años. Quién sabe hasta qué punto esa acción en concreto me llevó a convertirme en el estoico que soy hoy.

Y recuerda, tal como dijo Marco Aurelio: «Cuando has hecho una buena acción de la que otros se han beneficiado, ¿para qué ibas a necesitar una tercera recompensa —como es propio de los necios—, que te elogien por haberlo hecho bien, o recibir un favor a cambio?». Los estoicos hacemos buenas acciones porque mejoran el mundo, y junto al desarrollo de nuestro carácter, esa es la única recompensa que necesitamos. La buena acción es la recompensa en sí misma, y si nos comprometemos a convertirlo en un hábito, es más que probable que desarrollemos una propensión natural a encontrar oportunidades para seguir haciendo el bien. No hará falta que busquemos lo bueno que hay en el mundo, ya que podemos serlo nosotros. Se convertirá en un instinto, en una tendencia que quizá jamás creíste que formaba parte de tu carácter. Pero ahora que has desarrollado ese carácter, tu nueva naturaleza consiste en hacer el bien siempre que puedas. No pares, y sigue creciendo.

EN RESUMEN

El mal existe y a las buenas personas les pasan cosas malas.

Siempre tienes la opción de hacer el bien y llevarlo contigo vayas adonde vayas.

Capítulo 9

Esa vocecilla en tu cabeza

O la verdad es buena

> Si alguien me demuestra que me equivoco y me señala un error de pensamiento o de acción, estaré encantado de cambiarlo. Busco la verdad, y eso nunca ha hecho daño a nadie: el daño está en persistir en el autoengaño y la propia ignorancia.
>
> Marco Aurelio

Hoy en día se nos dice que hay muchas verdades y que todas merecen el mismo respeto y atención. Mi verdad, tu verdad, la verdad de los sentimientos del que observa. Pero cuando esas verdades se contradicen, ¿cómo sabemos qué «verdad» seguir?

Marco Aurelio se enfrentaba al mismo dilema hace ya dos mil años. Sabía que la verdad es un elemento de la vida, algo que debe buscarse y descubrirse, y que ignorarla o huir de ella es claramente perjudicial.

Ahora podríamos decir que es una verdad innegable que recibir un comentario ofensivo es dañino. Pero ¿de verdad es esa una verdad innegable? Un estoico diría que, en realidad, si alguien nos hace un comentario «ofensivo», puede haber dos explicaciones: o bien es una verdad que nos incomoda, pero que tiene el potencial de enseñarnos algo y mejorar nuestra vida, o bien es mentira y, por lo tanto, no debemos prestarle atención. En cualquier caso, no debería causarnos dolor alguno.

Si somos totalmente honestos con nosotros mismos y atendemos a esa vocecilla de nuestra cabeza que nos empuja a ser mejores, sabremos que todos tenemos sesgos y formas de tratar ciertas situaciones y personas de maneras que pueden estar totalmente desligadas de la realidad. Usamos esos sesgos para establecer juicios sobre cómo actuar y reaccionar en determinadas situaciones, ya sean directos (cómo tratamos a los demás) o indirectos (lo que podamos pensar acerca de las acciones de los demás, por mucho que no tengamos nada que ver ni con dichas acciones ni con sus consecuencias).

Lo cierto es que la verdad es un atajo de lo más útil que nos ayuda a llegar más rápidamente a la realidad de cualquier situación. Hay una frase famosa que dice que la verdad se encuentra en el punto intermedio entre las versiones que ofrecen dos personas, y es ahí donde debemos posicionarnos como estoicos. Cuando discutimos, por ejemplo, las pasiones y los egos de ambas partes entran en escena: queremos ganar la discusión, lo que significa que quizá distorsionemos, exageremos o recordemos mal ciertos detalles de la verdad para expresar nuestros argumentos de la forma más efectiva posible y poder así «ganar». Pero, naturalmente, al discutir llevamos con nosotros nuestros sesgos, lo que implica que ya no nos centramos en encontrar una verdad que beneficie a todas las partes, sino en usar cualquier aspecto de la «verdad» original como prueba para obtener lo que queremos de la conversación.

No obstante, si intentamos ver la discusión desde el punto de vista de un dios a quien el debate en cuestión no le afecta en nada, veremos las cosas con mucha más claridad. Deberíamos entrar en las discusiones de pareja o entre amigos, familiares o compañeros de trabajo como si la cosa no fuese con nosotros, como si lo único que quisiéramos fuese obtener el mayor beneficio posible para todos, teniendo muy presente el contexto previo y sin dejar que el ego haga que la conversación se salga de madre. Y, como estoicos, podemos utilizar estos intercambios para encontrar nuestras propias debilidades: ¿qué pueden tener de cierto los argumentos que se presentan «contra» nosotros? ¿Qué podríamos hacer para desarrollar nuestro propio carácter y subsanar las faltas que se nos han señalado? ¿Se trata de algún aspecto en concreto? ¿Se trata del mal carácter o de la actitud defensiva que hemos descubierto en el transcurso de la conversación? Al fin y al cabo, la sabiduría consiste tanto en entender a los demás como a nosotros mismos.

> Si no está bien, no lo hagas; si no es cierto, no lo digas.
>
> MARCO AURELIO

¿Qué es la verdad y cómo damos con ella?

En la filosofía estoica, la verdad consta de tres elementos. Marco Aurelio dijo que, para encontrar la verdad, debemos hacer un desglose hasta dar con su forma más simple y absoluta:

1. **La cuestión verdadera.**
   Esto significa, por ejemplo, que el vino, por mucho que se sirva en unas copas maravillosas, seguirá siendo zumo de uvas fermentado. Si adoptamos este punto de vista ante una discusión que nos genera incomodidad, nos disgusta, nos afecta en el plano emocional y nos resulta difícil, y destilamos su realidad, veremos que una discusión no es más que dos personas que hacen mucho ruido sobre una cuestión acerca de la que no disponen del cien por cien de la información o que, en el peor de los casos, debaten movidas por las intenciones incorrectas, es decir, por obtener atención y aprobación.
2. **El bien verdadero.**
   Este punto consiste en entender que el camino hacia la *eudaimonia* y hacia la verdadera bondad es seguir las cuatro virtudes y vivir conforme a ellas. Existe cierta división entre los estoicos acerca de si las acciones positivas pueden o no dar pie a resultados negativos, ya que siempre puede haber consecuencias no intencionadas e im-

previstas, pero el estoicismo también nos dice que no hay razón alguna para evitar el bien verdadero.

3. **El sentimiento verdadero.**
Si nos centramos en las virtudes, descubriremos de forma natural cómo acceder a la verdad en nuestras vidas diarias; es lo que se conoce también como *sentimiento verdadero*, y consiste en la claridad de pensamiento que te permite parar cuando ocurre algo y darte cuenta de que tu perspectiva personal te empuja en una dirección concreta.

Pero ¿y si nuestro juicio está nublado? ¿Cómo podemos hacer una valoración fiable si nuestro criterio es imperfecto? Y especialmente ahora, que la verdad objetiva —ver con nuestros propios ojos— ha dejado de ser una cuestión sencilla. Incluso si dejamos a un lado nuestros propios sesgos y perspectivas, las fotos y los vídeos que vemos en internet no son «reales», sino que han pasado por programas de edición y filtros. La gente no tiene la apariencia que dice tener, graba y presenta su vida de forma que la percibamos de forma positiva, y representa sus relaciones, trabajos y vacaciones de maneras que a veces están a años luz de la realidad. Pero esas fotos y esos vídeos nos despiertan cierto tipo de reacciones, ya sean celos, insatisfacción o la necesidad de imitar lo que vemos en nuestra propia vida.

En nuestras relaciones con los demás y con nosotros mismos aceptamos toda una serie de falsedades que quizá no aceptaríamos si fuésemos capaces de desligar nuestras emociones y los conflictos entre distintos puntos de vista. Si vemos unas zapatillas deportivas que nos gustan mucho en una tienda, pero resulta que no tienen nuestra talla, no las compraremos porque la realidad de la situación es que no podremos ponérnoslas; como calzado, nos serían inútiles. Podríamos aguantar el dolor si fuesen demasiado pequeñas o ponernos más calcetines si nos quedasen grandes, pero no nos resultarían cómodas. En cambio, cuando se trata de parejas, amigos, compañeros o familiares, nuestros sesgos pueden nublar la verdad. Lo cierto es que nuestro juicio siempre estará distorsionado en un sentido u otro, pero si ponemos en práctica el desglose en la cuestión verdadera, el bien verdadero y el sentimiento verdadero, y desarrollamos nuestro carácter día a día, construiremos unos cimientos que nos ayudarán a rebajar las imperfecciones de nuestras valoraciones.

> Si alguien te dice que otro habla mal de ti, no te justifiques y contesta: «Desconoce mis otros defectos; si no, no habría mencionado solo estos».
>
> EPICTETO

A veces puede parecer que lidiar con la verdad supone un esfuerzo inmenso. Tal como apunta Joshua Fields Millburn, escritor y seguidor del minimalismo: «Tendemos a evitar la verdad por miedo a destruir las ilusiones que nos hemos construido».[12] Yo estaba convencido de que, para lograr todo lo que quería, tenía que trabajar siete días a la semana, más de cien horas semanales, básicamente todas las horas que pudiese mantenerme despierto. Cuanto más trabajase, más recursos tendría al final. Naturalmente, terminé agotado y tardé mucho tiempo en darme cuenta de que, si descansaba, rendiría mucho mejor los días que dedicase a trabajar. Mi ego estaba nublando la ilusión que me había construido y había perdido de vista la moderación.

La verdad no es ofensiva. No puede serlo, porque es una descripción de algo real. Es posible que la forma de expresarla esté pensada para hacer daño, y podemos percibir cuándo alguien tiene la intención de molestarnos, pero como hemos visto en el capítulo 4, nos limitaremos a aceptar que las personas maleducadas existen y que es nuestra responsabilidad no participar de su actitud. Como un perro que ladra o un cuervo que bate las alas, la cuestión verdadera de las personas maleducadas es que no tienen educación, pero eso no es más que la forma que adopta su existencia en nuestras vidas en ese preciso momento. No significa que sean malas o que estén intentando hacernos daño; como humanos que vivimos en un mundo acelerado, caracterizado por unas expectativas muy elevadas y unos niveles de ruido altísimos, tendemos a molestarnos incluso cuando el otro no pretendía atacarnos personalmente.

Aun así, eso no tiene por qué significar que lo que esa persona maleducada nos está diciendo no tenga algo de cierto. Para encontrar la verdad en cualquier discusión es necesario colaborar, más que competir. No tenemos que «ganar» la discusión. De hecho, la única forma de ganar una discusión es abordarla como la oportunidad que es de aumentar nuestra sabiduría y nuestro entendimiento, y no para alimentar nuestro propio estatus. Cada debate es una oportunidad de encontrar una verdad que quizá no nos habíamos planteado nunca porque hemos estado sometidos a nuestra propia necedad, injusticia, cobardía o intemperancia, pero ahora tenemos la oportunidad de ver una verdad nueva y más objetiva. Quizá hemos sido desconsiderados o egoístas, y esta es nuestra oportunidad para descubrir una verdad nueva sobre nosotros mismos.

EJERCICIO

Busca un lugar en el que no te vayan a molestar y siéntate a reflexionar sobre la última discusión en la que hayas participado.

Seguramente recuerdes tu punto de vista, pero ¿puedes recordar el de la persona con quien discutías?

Teniendo en cuenta estas dos perspectivas, imagina que eres alguien que no tiene absolutamente nada que ver con la discusión, como un dios o un pájaro que pasa volando. ¿Qué pensarían ellos de dicha discusión? ¿Alcanzarían a ver cuál es su objetivo último? ¿Hubo en algún momento un destino compartido al que no erais capaces de llegar porque la comunicación se estaba enredando demasiado? ¿Es posible que para alguno de los dos la discusión fuese su forma de lidiar con algún sentimiento difícil? ¿Se desarrolló con la intención de desplazar a la otra persona, hasta el punto de que el motivo de discusión dejó de ser importante?

Ahora que has tomado distancia, ¿qué crees que podríais haber hecho cada uno para que la discusión fuese un «éxito» y para convertirla en una conversación calmada que os llevase adonde queríais llegar?

Nunca dejará de sorprenderme: todos nos queremos más a nosotros mismos que a los demás, pero nos importa más su opinión que la nuestra.

Marco Aurelio

Todos construimos nuestra propia idea de *felicidad* o de *éxito*. Quizá sea cuando somos pequeños y estamos en el parque pasándolo en grande con nuestros amigos, y alguien nos dice que se nos veía muy felices. A partir de ahí, es difícil quitarnos de encima la idea de que la felicidad era eso, de forma que cuando tenemos un día en el que estamos aburridos o de mal humor, sentimos que estamos fracasando porque la sensación actual no se corresponde con la de aquel día en que alguien puso de relieve nuestro gozo.

O puede que lo que construyamos en nuestra mente sea el concepto de *amistad* o de *romance*. Recuerdo la película, todo un clásico, *Cuenta conmigo* y hacer muy mía la idea de que las amistades verdaderas eran así, y que debían hacerme sentir como a esos chicos. Me llevó años entender que *Cuenta conmigo* no solo contaba con un elenco de actores de gran talento que recitaban las palabras de unos guionistas sumamente habilidosos, sino que, además, también tenía una banda sonora increíble, un equipo de operadores de cámara, de técnicos de iluminación, un director, un editor... De todo. Era una fantasía sobre cómo debería ser la amistad, con un montón de elementos que no solemos encontrar en la vida real. He ido de viaje y he sentido que las cosas no iban como deberían porque la vida nos obliga a esperar autobuses en silencio, a hacer paradas para ir al baño, o a escuchar a alguien que se explaya demasiado al contar una historia muy poco entretenida. Tanto las amistades como las relaciones pueden parecer «malas» de vez en cuando; a veces se tienen discusiones tontas o sentimos que el otro está siendo desconsiderado, y es fácil caer en la trampa de centrarnos en cómo deberían verse desde el exterior. ¿O acaso no conoces a alguien que haya invertido toda su energía en planear la boda perfecta, pero no en construir un buen matrimonio?

Lo cierto es que todos esos momentos insulsos, negativos y carentes de banda sonora deben darse para que crezcamos como personas, para que aprendamos cómo comportarnos con los demás, para enriquecer el tiempo que pasamos juntos. Puede que llegue el día en que cualquiera de esos momentos «malos» se convierta en un recuerdo valioso, y que sientas que esa amistad o esa relación no tiene por qué parecerse en nada a lo que vemos en las películas u oímos en las canciones de amor.

A menudo dedicamos mucho esfuerzo y atención a lo que los demás puedan estar pensando o sintiendo por nosotros. Cómo interpretan nuestra ropa, la forma en que nos expresamos en una reunión de trabajo, cómo caminamos por la calle..., puede que pasemos horas reflexionando sobre la imagen que damos, preocupándonos y buscando formas de influir en los pensamientos y sentimientos de los demás. Pero al hacerlo pasamos por alto varias verdades importantes: que lo más probable es que no estén pensando en nosotros (o, al menos, no tanto como creemos) y que, aunque resulte que sí, su interpretación no será una «certeza» objetiva; no es más que una opinión sobre la que no tenemos ningún tipo de control.

Por mucho que todos alberguemos este tipo de opiniones y perspectivas, dejarnos someter por ellas y olvidar su carácter subjetivo y sesgado puede impedir, a través del miedo, la ansiedad y las ideas preconcebidas, que interactuemos con el mundo y vivamos una vida lo más plena posible.

Sin embargo, si practicamos los hábitos estoicos para eliminar las emociones fuertes de las situaciones en las que nos encontramos y recordamos que dichas emociones no significan que nuestra interpretación sea cierta, con el tiempo veremos esas situaciones «difíciles» con mucha más claridad y nos resultarán mucho más fáciles de gestionar.

EN RESUMEN

La verdad no es perjudicial.

Busca la verdad y aporta verdad al mundo para fomentar hábitos positivos en ti mismo.

Capítulo 10

La verdad sobre tus maravillosas pertenencias

O lo poco que necesitas en realidad

> La esencia de la filosofía es que un hombre debería vivir de tal forma que su felicidad dependa lo menos posible de elementos externos.
>
> EPICTETO

Todos sabemos que tenemos la vida demasiado llena de cosas. Ya sean objetos —ropa, objetos de decoración, aparatos eléctricos, pilas de libros, zapatillas deportivas y todo aquello que algún día arreglaremos o venderemos— o planes —ese idioma que queremos aprender, el lugar al que nos gustaría ir o la llamada que haremos cuando tengamos tiempo—, nuestras vidas están definidas por la masa de cosas que nos rodean y nos ocupan la cabeza.

Si te acuerdas de Diógenes y su encuentro con Alejandro Magno (o quizá debería decirlo al revés, ya que Alejandro quedó mucho más impresionado al conocer al filósofo), sabrás que el famoso pensador solo quería una cosa del celebrado rey y conquistador: «Apártese, que me tapa el sol».

Pero ¿en qué nos beneficia tener menos cosas? Nos gusta estar cómodos, rodearnos de objetos bonitos, incluso a veces vestir a la última. ¿Qué tiene de malo tener todas estas cosas?

Hoy todo nos impulsa a querer tener tanto como sea posible. Las redes sociales, las revistas, la televisión y las películas nos hacen sentir que tendríamos que dedicar cada momento a comprar algo o a planear comprar algo, y que ese algo será lo que finalmente responda una pregunta y llene cualquier vacío en nuestro sentido de la identidad. Queremos sentir que avanzamos en la vida, y la forma más sencilla de hacerlo es acumulando y mejorando nuestras pertenencias. Y cuando este hábito de pensamiento ha quedado establecido en la juventud, cuesta cambiarlo.

A veces, el trabajo que tenemos que hacer para ganar el dinero necesario para comprar todas estas cosas nos genera estrés, o sentimos culpabilidad por el impacto medioambiental de nuestras compras, o quizá, sencillamente, nos damos cuenta de que todas esas compras no nos hacen sentir mejor. Y, entonces, ¿qué hacemos para acallar estos sentimientos? Nos centramos en la próxima compra, porque esa será la que por fin nos proporcione el bienestar que buscamos.

Todas las grandes filosofías y religiones advierten de que esos anhelos no nos traen la felicidad. La verdadera felicidad aparece cuando sentimos que lo que tenemos es suficiente. Nosotros generamos nuestra propia infelicidad al pensar en todo aquello que creemos que deberíamos tener, y enseguida olvidamos que el placer que obtenemos cuando por fin conseguimos lo que hemos estado persiguiendo es efímero. Es un placer que dura cinco minutos, unas horas o unas semanas si es algo grande, pero no tarda en desvanecerse y tenemos que avivarlo con la búsqueda de otra cosa.

> Para tener una vida feliz hace falta muy poco; está todo en tu interior, en tu forma de pensar.
>
> MARCO AURELIO

La pura verdad es que cuanto más tenemos, más queremos. Si nos fijamos de nuevo en Alejandro Magno, él nunca llegó a conseguir lo que verdaderamente quería, que era sentirse pleno. Cuanto más nos rodeamos de objetos y cosas, menos espacio tenemos para darnos cuenta de que la única forma de alcanzar la libertad y la felicidad es desprendiéndonos de la necesidad de tener todas esas pertenencias. Hace unos años, no paraba de darle vueltas a lo mismo: «La vida tiene más que ofrecer de lo que vivo a diario, en algún lugar hay algo más para mí». Y ahí se quedaba estancado mi cerebro, todos los días, a todas horas; lo único que conseguía era que, incluso si lograba «algo más», mi mente no estuviera satisfecha, porque el único vocabulario del que disponía para cualquier experiencia era: «La vida tiene más que ofrecer».

Pensamos que, si conseguimos esa recompensa, todo se arreglará y nos sentiremos perfectamente satisfechos con nuestro trabajo, nuestras relaciones y nosotros mismos. Pero el deseo es como un fuego en nuestro interior. Para mantener una llama encendida debemos echar leña, y cuanto más queremos, más alimentamos ese fuego y más crece la llama. Cuanto más crece, más ansiamos, y más sigue creciendo. La única forma de lidiar con ese fuego es dejar de echarle leña, dejar que se vaya consumiendo para que se vaya haciendo más y más pequeño hasta que no haga falta ni alimentarlo ni vigilarlo.

EJERCICIO

Este es un ejercicio sencillo de gratitud.

En lugar de preguntarnos constantemente qué más puede ofrecernos la vida y mirar hacia el futuro en busca de ese momento en el que de verdad empezaremos a vivir, dediquemos un momento a pensar en todo aquello que ya tenemos.

Durante una semana, resérvate unos minutos cada noche y haz una lista de tres cosas por las que te sientas agradecido del día que acabas de tener: puede ser el paseo que has dado hasta el trabajo, los olores y las escenas que has presenciado, o quizá sean los miembros de tu familia que te han hecho pasar un buen rato por la tarde, o la última cena de la que has disfrutado. ¿Qué tenían de bueno en concreto? ¿Qué te ha aportado esa felicidad?

Luego piensa en tres cosas que vayan a pasar mañana y que tengas ganas de que lleguen: el café de primera hora, ver a tus compañeros o algún plan que tengas con un amigo. Piensa en lo que te hace ilusión de cada cosa y en el momento de disfrute que te aportará cuando suceda.

Al imaginarte estas cosas y concentrarte en el placer que has experimentado en cada momento, cambiarás tanto tu cerebro como tu cuerpo, porque los estarás llenando de sentimientos positivos y reforzando el hábito de encontrar los buenos momentos que te da la vida. Cuanto más lo practiques, más arraigado estará el hábito. Después de una semana empezarás a notar los beneficios de este ejercicio y estarás aprendiendo a valorar mucho más todo lo bueno que ya tienes.

Date un momento para asimilar que todos estos pequeños detalles son suficientes, que son los que llenan las horas de tu vida, y que al buscar los mejores ratos de tu día te irás dando cuenta de lo positivo que es tu tiempo en general. Es la leña que hará que disfrutes de la vida.

En la cultura en la que vivimos, puede parecer que comprar o querer comprar es una expresión de la felicidad, que todo lo que queremos es un peldaño en la escalera que nos acercará a la felicidad. ¿Y si resulta que querer todas esas cosas en realidad es una expresión de la insatisfacción con nosotros mismos, porque no nos sentimos lo suficientemente modernos, estilosos, diferentes, creativos o ricos? Lo que nos dicen esas ansias constantes no es que no tengamos lo suficiente, sino que no nos consideramos suficiente, y por eso creemos que, al ir acumulando, lograremos por fin llenar un hueco, cambiar quiénes somos y mejorar sin tener que hacer más que dar nuestro dinero. Y si solo pensamos en quién nos gustaría ser, ¿cómo vamos a llegar a conocer nuestro yo verdadero y de lo que realmente somos capaces?

¿Cómo serían las cosas si en su lugar cambiásemos nuestros hábitos para convertirnos en la persona que queremos ser? ¿Y si nos centrásemos en nuestros pasatiempos, o en hacer ejercicio, o en nuestra salud, o en los indiferentes preferidos (enseguida veremos a qué me refiero) y en el camino hacia la *eudaimonia* a través de las cuatro virtudes? En *El Tao de Pooh*, el autor Benjamin Hoff habla de la forma en que pervertimos el progreso a base de adquirir más y más; creemos que al acumular objetos y pertenencias estamos avanzando, pero ya sean tarros de miel o coches deportivos, ansiar algo, obtenerlo y seguir sintiéndonos insatisfechos solo son obstáculos en el camino hacia una mayor felicidad y plenitud. Las personas a las que vemos en internet rodeadas de todas esas cosas no tienen una vida mejor que la nuestra, solo se les da mejor vender la vida que llevan. Las redes sociales son la demostración pública de la necesidad de llamar la atención, un lugar en el que retocar y filtrar nuestras vidas para atraer el máximo de miradas posibles, que son la nueva divisa global del éxito. Cuando somos felices no necesitamos este tipo de atención, y si la perseguimos, jamás encontraremos la felicidad que buscamos. Yo mismo he cometido este error en el pasado, he parecido muy feliz en una foto y ahora, al mirarla, solo recuerdo lo infeliz y preocupado que me sentía en realidad. La fachada funcionó, pero el esfuerzo que tuve que hacer para que pareciera que tenía «éxito» no me hizo sentir mejor, porque me equivoqué de objetivo al centrarme únicamente en cómo se suponía que debía presentarme.

En realidad, cuanto más nos centramos en «obtener», lo que hacemos es restarle cada vez más espacio a la mente y al espíritu. En la historia de la taza de té, un alumno budista se sienta con su maestro mientras este celebra la ceremonia del té. Pero a medida que la taza del alumno se va llenando, se muestra alarmado al ver que el maestro no deja de echar té. El líquido llena la taza, se derrama por el borde, cae en la mesa y sigue derramándose sin parar. El alumno le pide que pare, y el maestro obedece, diciendo: «Esto es como tu mente. ¿Cómo vas a aprender si continuamente introduces más deseos y pensamientos en ella? Debes eliminar el sobrante para poder estar abierto a tu propósito». Llega un momento en la vida en que la cantidad de «cosas» que tenemos hace que nos quedemos sin sitio para aquello que de verdad nos hace felices, como la conexión humana, el aprendizaje, el descubrimiento y la creatividad.

Marco Aurelio procedía de una familia tremendamente rica y vivió rodeado de privilegios y comodidades. En las primeras páginas de sus *Meditaciones*, reconoce los valores que su madre, una mujer acaudalada por derecho propio, le había transmitido. En sus agradecimientos, dice lo siguiente: «De mi madre: la piedad, la generosidad, la evitación de llevar a cabo actos inmorales e incluso de pensar en ellos; también la simplicidad de la vida, muy alejada de los hábitos de los ricos». A pesar de vivir rodeado de ellos, conocía los riesgos que entrañaba caer en las costumbres de las personas sumamente acomodadas, y más adelante advertía: «Ve con cuidado de no cesarificarte, de no vestir de morado, porque ocurre. Mantente sencillo, bueno, cándido, digno, humilde, fiel a la justicia, piadoso, amable, afectuoso con los demás y resuelto a llevar a cabo tus tareas». Estoy seguro de que conoces a personas que no están presentes en las redes sociales, que tienen un coche viejo y poca ropa buena. ¿Son más infelices que cualquiera que tenga mil o un millón de seguidores? ¿Parecen satisfechas con las cosas que les aportan felicidad personal y privada? Marco Aurelio sabía, tal como debemos reconocer ahora nosotros, que la simplicidad, la dignidad, la humildad y la priorización de la bondad y la justicia están por encima de los objetos y las modas propios de un césar, y son el único camino hacia la paz y la felicidad.

> Pobre no es el hombre que tiene demasiado poco, sino el que más desea.
>
> SÉNECA

Son muchas las razones que pueden llevarnos a seguir a alguien en redes sociales —como la envidia, los celos o «seguir para criticar»—, pero ¿por qué no seguir en su lugar a personas que te entretengan de verdad, con las que aprendas, que te aporten valor y buen humor? En el pasado estuve muy metido en la vida de las redes sociales, obsesionado con cómo vivían los demás y con lo que tenían, y tras pasarme horas y horas viendo todo ese contenido, solo conseguía sentirme mal.

Hace unos años creí que debía tener acceso a las redes sociales, porque, si eliminaba mi cuenta, me perdería un montón de cosas. Pero entonces me fui de viaje al extranjero; no podía costearme un móvil ni un contrato internacional, así que decidí llevarme solo un iPod y recurrir a los cibercafés para ponerme en contacto con la gente de mi entorno. Había leído tantos libros de viajes que el romanticismo de viajar sin móvil y con una baraja de cartas para entretenerme con cualquier amigo que hiciese por el camino me llamaba mucho la atención. No quería cargar con demasiadas cosas cuando el propósito de irme era precisamente disfrutar del aluvión de personas nuevas que conocería y de las vivencias que acumularía. También formaba parte de unas crecientes ganas de tener una vida menos recargada, así que viajé con una mochila pequeña, el neceser y unas pocas prendas de ropa.

Los primeros días no fueron fáciles, y me di cuenta de lo acostumbrados que tenía el cerebro y las manos a usar las redes sociales como recurso cada vez que me aburría o estaba nervioso, y hasta qué punto mis dedos habían automatizado el gesto de abrir una aplicación en un ciclo infinito. Utilizaba las redes sociales en cada momento de mi vida, igual que quien saca el móvil mientras está viendo una película: me distraía, no me involucraba plenamente en nada y tampoco terminaba de disfrutar con nada. Siempre me arrepentía, pero no dejaba de hacerlo. Sin embargo, pasadas dos semanas, me di cuenta de que no lo echaba de menos en absoluto. No me estaba perdiendo nada. En todo caso, de pronto tenía más tiempo libre y más espacio mental porque no estaba llenándome el cerebro de cientos de imágenes y palabras que no tenían otro propósito que mantenerme conectado. El hecho de no llevar equipaje también me parecía una maravilla: con apenas una mochila y unas pocas pertenencias, era facilísimo cuidar de todo ello. Solo debía ocuparme de mantenerlo todo limpio, seco y bien doblado, y viajar nunca había sido tan sencillo. La poca atención que debía prestar a mis pertenencias y al teléfono me liberó tanto la mente que por fin sentí que podía pensar claramente.

Cuando nueve meses más tarde regresé a casa y a mi móvil, me planteé si debía volver a las redes sociales, pero me di cuenta de que durante el tiempo que había estado fuera algo había cambiado en mi cabeza y que el mundo virtual ya no me importaba. No lo había echado de menos. No tenía ninguna intención de recaer y tampoco sentía ninguna presión por seguir o no seguir a no sé quién, ni por enfadarme ni por sentir celos o por criticar. Si volví fue para descubrir esas pequeñas parcelas de positividad que se encuentran en internet, y tan solo durante unos minutos al día.

El cometido de las empresas de redes sociales es atrapar y mantener nuestra atención. Y no nos mantienen atentos haciéndonos sentir bien. Las redes sociales utilizan la indignación y la envidia para mantenernos absortos, y luego nos dan unas dosis de dopamina en forma de «me gusta» y comentarios que nos enganchan de una forma muy parecida a los subidones que provocan las drogas recreativas y los juegos de apuestas. El Centro para las Adicciones de Estados Unidos dice: «El uso adictivo de las redes sociales muestra muchas semejanzas con cualquier otro trastorno de abuso de sustancias». Entre los indicios que apuntan a una adicción a las redes sociales menciona la mejora del estado anímico cuando el usuario tiene acceso a ellas, la obsesión emocional y conductual en torno a ellas, el aumento del uso a lo largo del tiempo, la aparición de síntomas físicos y emocionales de abstinencia y de situaciones de conflicto cuando el usuario no puede acceder a ellas, y la vuelta a un uso intensivo tras un parón. ¿Te recuerda a algún conocido? ¿O quizá a ti mismo?

Las empresas de redes sociales quieren anular nuestra percepción para que no seamos conscientes del paso del tiempo; no quieren que sintamos ningún tipo de fricción que nos haga salir de sus páginas, y por eso ahora ya todas ellas permiten deslizar hacia abajo hasta el infinito y nos lanzan alertas que nos llaman la atención en el momento justo para inculcarnos hábitos adictivos. Al participar de este consumo sin fin les entregamos nuestro bien más preciado, es decir, nuestro tiempo (por no hablar de nuestros datos y atención). A nadie le gusta hacer horas extras sin cobrar en el trabajo, y aun así eso es lo que hacemos cuando utilizamos las redes sociales: les entregamos nuestro tiempo para que se beneficien económicamente de él. ¿Cómo puede eso aportarnos felicidad? A medida que los programas y los dispositivos se van volviendo más sofisticados e integrados, las empresas tecnológicas quieren que sintamos que nos están ofreciendo todo lo que podríamos necesitar, y muchas veces, antes de que sepamos que lo necesitamos. ¿Visitar un museo lejano al que nunca podrás acceder en persona? ¿Un asiento en primera fila en un concierto para el que no quedan entradas desde la comodidad de tu casa? ¿Un juego multijugador que te permite entretenerte con personas de todo el mundo? ¡Cómo vas a decir que no a todas estas oportunidades! Solo que... ¿y si nos han vendido tan bien todas esas ideas que hemos olvidado lo que nos hace felices de verdad? Y no solo eso, sino que nos llevan a quedarnos con la opción más fácil que pueda exigir algo más de esfuerzo, como ducharnos y vestirnos y salir de casa; ¿y si resulta que la venta de todas estas experiencias virtuales —que les reportan miles de millones de dólares y con las que obtienen cantidades ingentes de datos personales con los que luego moldean el mundo— también nos hace olvidar la felicidad que nos aporta salir a dar un paseo por el barrio, cruzar unas palabras con alguien que frecuenta la misma cafetería que nosotros, ayudar a alguien a subir un carrito de bebé por las escaleras, acompañar a un amigo mientras saca al perro, o sentarnos a mirar por la ventana? Todas esas cosas que nos tocan una fibra mucho más profunda y que hemos perdido totalmente de vista.

Cuando con nuestra empresa empezamos a sacar vídeos por internet, supe que necesitaba volver a tener redes sociales. Me llevó mucho tiempo pensar cómo iba a darle un uso que encajase conmigo, pero cuando finalmente volví, solo seguí a cuentas relacionadas con el estoicismo y productoras de cine, y de pronto, al abrir las aplicaciones, recibía pequeñas dosis de disfrute y educación, y todas mis visitas ocasionales me hacían sentir que mi vida había mejorado y no que me la habían exprimido.

Además de instalar temporizadores que limitan qué aplicaciones puedo usar, cuándo y durante cuánto tiempo, me aseguro de aprovechar al máximo las ansias de la aplicación de darte justo lo que quieres. No me dejo llevar por los títulos que sirven de anzuelo, y así le voy diciendo a la aplicación que no me interesa nada que pueda darme una dosis de dopamina y limitando el contenido que me muestra a cuentas sobre cine y estoicismo, de forma que solo veo aquello que de verdad aporta valor a mi vida. También he oído hablar de un consejo fantástico, llamado la *regla del centro comercial*: sigue solo a las personas por las que harías el esfuerzo de acercarte a hablar con ellas si las vieses en una tienda. ¿Por qué ibas a entregar tiempo de tu vida para ver qué han comido hoy y cómo han decorado el baño unas personas con quienes no tendrías interés en hablar si estuvieran presentes?

Por último, trato de mantener el móvil fuera de mi alcance. Cuando estoy trabajando lo dejo en otra habitación, y, si no, en la otra punta de la habitación, y eso hace que el hecho de tener que levantarme para cogerlo suponga la resistencia suficiente como para que termine disfrutando de mi espacio sin móviles. Es increíble la diferencia que supone contar con una zona sin móviles en los lugares en los que pasamos la mayor parte del tiempo en casa y sustituir el móvil por libros, libretas o cuadernos de rompecabezas mentales.

Últimamente también he estado intentando salir más de casa sin el móvil. Las veces que he ido a la tienda de la esquina o en coche a un lugar cercano y lo he dejado en casa he sentido una especie de pánico, como si estuviese saliendo a la calle descalzo. Pero el móvil no protege nuestra frágil piel como el calzado, ni nos proporciona decencia social como la ropa, ni nos mantiene con vida como una medicación o un dispositivo médico esencial. Entonces, ¿por qué nos sentimos tan perdidos si salimos sin él apenas diez minutos? Hay algo que falla.

Tal como han señalado una infinidad de filósofos y cantantes de *country*, las cosas buenas de la vida no son fáciles de obtener. Pero quizá hemos olvidado el intenso deleite que el descubrimiento, la fortaleza mental, el esfuerzo, la espontaneidad, la conexión y la conversación tienen que ofrecer.

EJERCICIO

En el capítulo 6 hemos hablado de reducir a la mitad el tiempo que le dedicamos al móvil.

Una vez que hayas conseguido reducir el tiempo que le dedicas, ¿y si pruebas a eliminar algunas de tus aplicaciones de redes sociales?

¿Qué te lo impide? ¿Qué crees que te perderías?

Quizá sería más oportuno preguntarte lo siguiente: ¿qué podrías perderte mientras estás utilizando dichas aplicaciones? ¿Qué oportunidades podrías estar desaprovechando mientras tienes los ojos y los oídos concentrados en el móvil?

Pruébalo durante una semana. ¿Cómo te sientes?

¿Y después de dos?

¿Qué te impide no volver a utilizar nunca más las redes sociales?

Todos los seres humanos queremos una vida feliz, pero muchos confunden los medios para alcanzarla —como la riqueza y el estatus social— con lo que de verdad es esa vida. Obsesionarnos erróneamente con los medios para alcanzar una

> buena vida puede alejarnos de la felicidad que buscamos. Lo que verdaderamente merece la pena son las actividades virtuosas que componen una vida feliz, no los medios externos que supuestamente la generan.
>
> EPICTETO

Viene muy bien recordar que decir que sí a unas cosas supone decir que no a otras. Puede que padezcamos *FOMO* (*fear of missing out*, o miedo a perdernos algo), o podemos sentir la necesidad de comprar esas zapatillas deportivas porque podrían agotarse y nos hemos convencido de que mejorarán nuestra vida. Pero cada vez que decimos que sí a introducir algo en nuestra vida, también estamos diciendo que no a no tenerlo: a no apañarnos con las zapatillas que ya tenemos, a no pasar una semana tranquilos en casa mientras nuestros amigos están fuera, incluso a no usar las aburridas sobras que tenemos en la nevera de una forma creativa. Tomar decisiones a partir de la necesidad de decir que sí o que no movidos por nuestros impulsos e instintos no nos ayudará a desarrollar nuestro carácter, pero si tenemos en cuenta las cuatro virtudes, o incluso los indiferentes preferidos, podremos evitar los espejismos y el ego, y desarrollar buenos hábitos que a largo plazo nos beneficiarán mucho más. ¿Qué son, pues, los *indiferentes preferidos*?

Como ya hemos visto, todo lo que no forma parte de las cuatro virtudes o de los cuatro vicios entra en la categoría de la indiferencia, es decir, de todo aquello que no es ni bueno ni malo por naturaleza, como el dinero, la salud, la ambición, la fuerza y las habilidades. Ninguno de estos elementos disminuye o aumenta la calidad de nuestra vida por sí mismo, sino que son aspectos que debemos usar dentro del contexto de las cuatro virtudes para construir una vida feliz. Pero sí existe lo contrario de los indiferentes preferidos: los indiferentes no preferidos. Por ejemplo, la pobreza no es ni buena ni mala, pero reconocemos que puede hacer que la vida resulte más difícil y limitante, y por eso intentamos que nuestra vida no pase por ahí. Por otro lado, normalmente queremos vivir más tiempo sintiéndonos bien, y de ahí que consideremos la salud como uno de los indiferentes preferidos.

Ahora bien, hay ciertas circunstancias en las que elegir un indiferente no preferido sería más virtuoso. Por ejemplo, si nuestro dinero proviene de una fuente corrupta que podría ponernos trabas o perjudicarnos a largo plazo, quizá nos parezca más sensato y valiente elegir la pobreza antes que la riqueza. Asimismo, a veces un indiferente no preferido nos beneficia; por ejemplo, ciertos tipos de dolor pueden hacernos más fuertes (como en el gimnasio) o indicarnos que algo no marcha bien (en caso de una lesión o enfermedad). Cuando los cuatro vicios empiezan a dar forma a esos indiferentes, pasan de ser preferencias a algo que debemos evitar. La vida es corta y a menudo «necesitamos» mucho menos de lo que creemos para ser felices, estar cómodos y sentirnos satisfechos.

EJERCICIO

Cambiemos las expectativas por agradecimiento.

Cuando queremos algo, posponemos la felicidad hasta conseguirlo. Pero si nos damos un momento para centrarnos en lo que tenemos en ese momento, empezamos a desarrollar el músculo mental que nos permitirá ver todo lo que disfrutamos y los beneficios y el goce que obtenemos de ello en el día a día.

No se trata de intentar conseguir más cosas, sino de estar agradecidos por existir. ¿Qué esperabas del día de hoy que quizá no haya cumplido con tus expectativas? ¿Podrías escribir una lista más larga de todo aquello que le agradeces al día de hoy? Ahora mismo, ¿por qué darías las gracias?

EN RESUMEN

Cuanto más tenemos, más queremos.
Disfruta de la simplicidad: es perfecta.

Capítulo 11

Ve la vida de color de rosa

O los pensamientos crean la realidad

> La felicidad de tu vida depende de la calidad de tus pensamientos.
>
> MARCO AURELIO

Shakespeare puso una gran verdad del estoicismo en boca de Hamlet al hacerle decir: «No existe nada bueno ni malo; es el pensamiento humano el que lo hace aparecer así». Nuestra forma de pensar es la que moldea el mundo que nos rodea, y debemos aceptar que si buscamos el lado malo de las cosas, lo encontraremos; abunda la evidencia que nos hará pensar que el mundo es un lugar desolado, completamente roto, fuente de desesperación. Pero si desarrollamos la rutina de pensar en positivo, de llevar a cabo buenas acciones y adquirir buenos hábitos que afecten a nuestra forma de vivir y a su vez a nuestra forma de ver el mundo, podemos redefinir nuestra vida. Si afrontamos cada situación buscando el conflicto, como una oportunidad de defendernos y discutir, nos encontraremos con que estamos constantemente rodeados de incidentes y peleas terribles e imperdonables. No es que tengamos mala suerte o que el mundo no nos entienda. Recuerdo perfectamente la época en que trabajaba de peón, cuando cogía el autobús de vuelta y recorría el callejón que me llevaba a casa, siempre iba pensando: «Esto es una basura, mi vida es una basura». De pronto tuve la fuerte sensación de que esas eran las únicas palabras que mi cerebro era capaz de producir, y me sentía como si estuviese en un escenario, delante de una multitud, recitando la misma frase para convencerlos a todos de lo horrible que era mi vida.

En aquel momento, todavía no había decidido nada sobre mi vida por mí mismo: había tenido que ir al colegio y no me había importado si me iba bien o mal, y cuando un profesor me preguntó qué quería hacer al terminar el instituto y me sugirió la albañilería, tampoco me importó seguir ese camino o no, así que tiré por ahí. Pero en ese momento me di cuenta de que si seguía recitándome mi terrible situación, tampoco tendría que tomar ninguna decisión acerca de mi futuro, porque todo el mundo era tan malo y mi situación tan nefasta que no había absolutamente nada que pudiese hacer para mejorarla. Podía seguir viviendo enfadado y deprimido, con el apoyo constante de un monólogo interno que validaba la idea de que mi situación no podía mejorar.

Lo cierto es que esta es una mentalidad bastante adictiva, la sensación de tener razón sobre nuestros peores miedos y de que no tenemos que preocuparnos por fracasar porque las cosas siempre nos irán mal, hagamos lo que hagamos, de no tener que cuestionarnos nuestros instintos y conclusiones, de no tener que enfrentarnos a situaciones incómodas, de no tener que admitir nunca que nos hemos equivocado, de no tener que intentarlo siquiera. Es como si un amigo nos dijese: «Bueno, has hecho lo que has podido, no le des más vueltas». Podemos optar por no esforzarnos ni pelear, liberar toda presión y dejarnos llevar por el camino que ofrece menos resistencia, lo cual es, al fin y al cabo, el instinto humano más natural. Pero ¿qué pasa en esos momentos en que la presión, las dificultades, la incomodidad y los errores son precisamente los que nos ayudan a crecer, nos enseñan lecciones y nos abren al mundo? ¿Qué nos perdemos cuando solo buscamos la comodidad?

Hemos evolucionado para aferrarnos a lo malo, ya sea una crítica que recibimos tras cien cumplidos o esa «mirada rara» que nos lanza alguien tras un buen día en el trabajo. El cerebro humano se benefició de prestar atención a todo aquello que rompiese un patrón o que nos generase incomodidad para identificar los peligros y reaccionar ante ellos. Pero aunque nuestro sistema nervioso siga estando preparado para las amenazas de hace decenas de miles de años, el mundo ha avanzado: vivimos en comunidades grandes que forman sociedades, y la mayoría tenemos la gran fortuna de poder asegurarnos el acceso al alimento (vas a la tienda, pagas con dinero y te vas con tus productos) y al refugio (a cambio de pagar un alquiler o una hipoteca y las facturas, puedes quedarte en la misma propiedad cada noche). No tenemos que preocuparnos por competir por los recursos como sí lo hacíamos cuando nuestro cerebro empezó a evolucionar hacia el que tenemos ahora, pero nadie se ha preocupado de hacerle llegar el mensaje a nuestro sistema interno. Por eso seguimos identificando y aferrándonos a ese comentario negativo o a esa mirada hostil, aunque tengamos muchas más razones para pensar que ese «comentario negativo» podría ser un malentendido, y que esa «mirada hostil» puede deberse a que la persona en cuestión está pensando en algo que no tiene nada que ver con nosotros y nos ha mirado por casualidad. El raciocinio es un músculo que debemos ejercitar al enfrentarnos a todas estas señales contradictorias para desarrollar el hábito de percibir el mundo no como un posible enemigo, sino como un todo conectado que contiene todo lo que conocemos y todo lo que nos conoce a nosotros.

En aquel callejón, de pronto pensé: «¿Por qué no pienso algo positivo para variar? ¿Por qué no me esfuerzo por ver mi vida bajo un prisma más bondadoso? No estaba pensando en cambiar nada acerca de mi vida, ya que en aquel momento me parecía demasiado difícil, pero al menos podía cambiar la historia que le contaba a la multitud que habitaba mi subconsciente. Y no me resultó fácil hacer ese cambio, darme cuenta de que estaba pensando en negativo y darle la vuelta para convertirlo en positivo. Y luego me sentía culpable por traicionar a ese joven que lo único que buscaba era el consuelo de saber que su vida era un despropósito y que no podía hacer nada al respecto. Pero al cabo de un tiempo se convirtió en un hábito, y poco a poco empecé a ver que sí tenía opciones, aunque antes me hubiese parecido que no. En lugar de sentir que estaba ante un altísimo muro de cristal y que no disponía de equipación ni podía superar mi miedo a las alturas, de pronto estaba a los pies de una pared rocosa llena de asideros que esperaba ser escalada.

EJERCICIO

Busca un lugar tranquilo en el que sentarte y piensa en algo que te haya pasado, ya sea hace años o hace semanas, y que en su momento te pareciese terriblemente negativo. Quizá perdiste el trabajo, pasaste por una ruptura amorosa o te viste obligado a dejar tu casa.

¿Sigues pensando que, en el contexto general de tu vida, fue algo negativo? ¿Trajo algo bueno? ¿Podrían haber pasado las cosas buenas que tienes en la vida si esa situación «negativa» jamás hubiese ocurrido?

La próxima vez que te pase algo «malo» durante el día, por muy pequeño que sea, date un minuto para pensar cómo podría ser algo bueno, o qué puedes aprender de la experiencia.

El subtítulo de este capítulo, «O los pensamientos crean la realidad», es un elemento crucial de la práctica del estoicismo. Es fácil confundir este concepto con las ideas del «pensamiento positivo» que circulan en la actualidad, pero es importante señalar qué diferencia uno del otro.

Lo que no es (primera parte)

Atractivo

Mucho se habla del pensamiento positivo. Puede que hayas oído hablar de la ley de la atracción que saltó a la fama gracias a un libro titulado *El secreto*. La ley de la atracción surge de la idea de que basta con pensar de forma positiva acerca de las experiencias y las pertenencias que quieres para que el universo te las conceda. La idea de que los pensamientos crean la realidad que defiende el estoicismo no tiene nada que ver con eso.

Para los estoicos, el hecho de coleccionar pertenencias y experiencias no es el camino que lleva a una vida feliz y plena, y tampoco creen saber lo que será mejor para ellos a lo largo de su vida. La ley de la atracción pretende conseguirte lo que quieras, ya sea poder y relaciones, o un modelito y un trabajo nuevos, y se centra especialmente en fomentar la «mejora de la riqueza». Como hemos visto, el dinero en sí mismo es un indiferente, pero invertir tu tiempo y tu esfuerzo en amasar una fortuna al tiempo que descuidas el desarrollo de tu carácter tendería a acercarte a la necedad dentro de la filosofía estoica.

La ley de la atracción hace que nos concentremos, de forma deliberada y activa, en lo que queremos: se trata de visualizarlo, imaginarlo, ver lo agradable que sería tenerlo. Si eres de los que creen que la riqueza y el poder dan la felicidad, te pregunto de nuevo: ¿te parecen los ricos y poderosos las personas más felices del mundo?

En el estoicismo, entendemos que los pensamientos nos convierten en la persona que somos y moldean nuestra forma de percibir la realidad y actuar. Sabemos que no podemos moldear la realidad en función de nuestros deseos, y que lo único que podemos hacer es aceptarla y comportarnos como mejor podamos cuando nos enfrentemos a ella. No controlamos los resultados que obtenemos, ni cuánto nos beneficiamos de ellos objetivamente; lo único que controlamos son nuestras opiniones y motivaciones. Por ejemplo, dos personas pueden recibir lo mismo, pero tener sentimientos completamente distintos al respecto: una puede sentirse brevemente ilusionada y contenta, mientras que la otra siente culpabilidad y preocupación. ¿Qué causa esos sentimientos: el objeto o los pensamientos sobre la realidad del objeto?

Lo que no es (segunda parte)

Positividad venenosa

Otra expresión que se oye mucho al hablar sobre salud mental y bienestar es *positividad tóxica*. Hace referencia a la idea de que debemos ocultar o reprimir cualquier sentimiento, experiencia y reacción negativos, y que expresarlos significa que nos estamos recreando en ellos, y que la única forma de ser felices es apartar lo negativo y centrarse solo en lo positivo.

Los estoicos reconocen que a veces pasan cosas malas, ven los problemas que surgen en la vida y entienden que la forma de gestionar estas situaciones es enfrentándose a ellas, lidiando con ellas y encontrando la forma de superarlas aplicando los principios de las cuatro virtudes. Podemos eliminar los sesgos y las perspectivas negativos, y aun así saber que hay un «problema»; de esta forma conseguimos verlo con mayor claridad y objetividad. Por ejemplo: el tráfico es tráfico y puede que lleguemos tarde por su culpa, pero el estoicismo reconoce que, ya que estamos atrapados en un embotellamiento, podemos aprovechar ese rato para escuchar un pódcast que nos guste. El estoicismo no hace que la tormenta escampe, pero sí ayuda a que correr bajo la lluvia resulte agradable. La positividad tóxica nos obliga a que, cuando surge un problema, nos tapemos los oídos, cerremos los ojos y silbemos hasta que hayamos dejado de pensar en él. Pero ¿qué podemos aprender en esos momentos? ¿Cómo podemos crecer al atravesar esta dificultad? Si miro hacia otro lado siempre que la vida pretende enseñarme una lección, ¿qué voy a aprender?

En 2014, el actor Jim Carrey dio un discurso de graduación en la Universidad Maharishi de Administración. Habló a los recién graduados acerca de lo maravilloso que es ver el mundo tal como es, de la libertad que nos puede aportar y de las decisiones que podemos tomar: «La necesidad de sentirnos aceptados puede hacer que nos volvamos invisibles en el mundo. [...] No somos los avatares que creamos, no somos las imágenes del carrete; somos la luz que las atraviesa. Todo lo demás no es más que una cortina de humo. [...] A menudo digo que me gustaría que todo el mundo cumpliese sus sueños y se hiciese rico y famoso para que viese que no es ahí donde encontrará la sensación de plenitud». Y añadió, en una gran demostración de estoicismo: «Cuando digo que la vida no es algo que nos pase, sino que pasa para nosotros, la verdad es que no sé si es cierto. Solo me limito a tomar la decisión consciente de percibir las dificultades como algo beneficioso para lidiar con ellas de la forma más productiva posible».[13]

EJERCICIO

Esta es una técnica clásica de la terapia cognitivo-conductual llamada *distanciamiento cognitivo*. En el ejercicio anterior hemos visto que una experiencia «negativa» puede terminar beneficiándonos. Por su parte, este ejercicio se centra en aquellas situaciones que nunca revelan un aspecto positivo, pero que no dejan de ser experiencias de las que puedes recuperarte.

Cuando te enfrentes a alguna dificultad en la vida, pregúntate: «¿Se me habrá pasado mañana?». A veces, lo único que hace falta es una noche de descanso.

Pero puede que con eso no baste. Entonces, pregúntate: «¿Se me habrá pasado en una semana?».

Puede que no.

«¿Se me habrá pasado en seis meses?»

Puede que ni siquiera con ese tiempo baste.

«¿Se me habrá pasado en cinco años?»

Quizá, tampoco para entonces.

«¿Se me habrá pasado en veinte años?»

Puede que te lleve todo ese tiempo, pero quizá veas que llegará el día en que habrás superado estos momentos tan difíciles. No significa que se te hayan olvidado, sino que no te afectarán igual que hoy.

Es tan solo un momento, y todas las cosas terminan pasando.

Juicio objetivo, ahora, en este preciso instante. Acción desinteresada, ahora, en este preciso momento. Aceptación dispuesta, ahora, en este preciso momento, de todos los acontecimientos externos. No necesitas nada más.

MARCO AURELIO

Dos hombres visitan un monasterio famoso en un pueblo lejano, resueltos a encontrar a un sabio monje y quedarse por la zona. Al encontrarse con él, le dice al primero: «¿Cómo es tu pueblo?». El primer hombre piensa un instante y responde: «Terrible. La gente es terrible, la zona es terrible. ¿Cómo es este?». El monje le responde: «Malo. Lo mejor será que lo evites».

Cuando el primer hombre se ha ido, el monje le dice al segundo hombre: «Y tu pueblo, ¿cómo es?». El segundo hombre también reflexiona un momento, y responde: «Es maravilloso. En él viven personas fantásticas que dedican sus días a hacer cosas estupendas, y es un lugar precioso». El monje le dice: «Creo que aquí también estarás a gusto». Los pensamientos que tenemos crean la realidad que vivimos: si estamos convencidos de que estamos rodeados de personas horribles, esas serán las personas que nos encontraremos. Si vivimos con la creencia de que la mayoría de la gente tiende a ser buena, en general, ese será el tipo de personas que encontraremos, vayamos donde vayamos.

Recuerdo que una vez me hospedé yo solo en un hostal en el extranjero. Estaba en una habitación compartida con media decena de jóvenes franceses, y ninguno de ellos me habló ni se dirigió a mí. Me sentía incómodo, consciente de que se conocían entre ellos, de que no hablaban mi idioma y de que me estaban ignorando, y cada día que pasaba me parecían más maleducados. Me sentía fatal por haber decidido quedarme allí yo solo y pensaba que había cometido un terrible error al hacer ese viaje. Entonces, una noche, pasó algo: estaba preparándome un plato de *risotto* y uno de ellos quiso que le diera la receta, y de pronto me puse a hablar con ellos, nos estuvimos riendo y al final de la noche ya nos habíamos hecho amigos. Se me había pasado por alto que, con mi solitario silencio, yo les había parecido igual de maleducado, ya que ni siquiera había intentado entablar conversación y les había transmitido una actitud de lo más hostil. Había cerrado la puerta a todas las oportunidades de conectar con ellos, y todo porque la historia que me había estado contando a mí mismo me había parecido sumamente real y no me había dejado ver nada más.

Entre los días anteriores y esa noche, lo único que había cambiado era mi opinión y mi percepción. No se habían convertido en personas objetivamente más simpáticas, ni yo tampoco, pero las dos partes tuvimos la oportunidad de dejar a un lado nuestras impresiones negativas para comunicarnos y descubrir lo bien que podíamos pasarlo juntos.

En la misma línea, hace unos años estaba convencido de que el vigilante de la tienda de la esquina me la tenía jurada. Era enorme y tenía cara de pocos amigos, y cuando entraba y lo saludaba con la cabeza, él se limitaba a mirarme. Era evidente que me odiaba. Pero una mañana decidí saludarlo como es debido y decir «buenos días» al entrar, y seguir siendo simpático fuese cual fuese su reacción. Al cabo de unos días se había convertido en el hombre más majo del mundo. Resultó que era de Polonia, y me di cuenta de que seguramente solo le daba apuro hablar en inglés, igual que me pasa a mí cuando tengo que hablar húngaro con mi familia de fuera. Sé que me cierro en mí mismo y que a veces puedo parecer maleducado o distante, pero se debe a mi falta de conocimiento del idioma y no a mi actitud respecto a los demás. Ahora, cada vez que entraba, nos saludábamos como buenos amigos, y todo porque había decidido tratarlo de forma positiva en lugar de mostrarme agresivo o actuar a la defensiva. Cuesta mucho convertir frases como «¿Qué miras?» y otras de este tipo en una conversación alegre y cercana.

Cuando pienso en el barrendero que me regaló un libro hace ya unos cuantos años, pienso en que con su gesto amable consiguió cambiar por completo mi forma de ver el mundo. La vida es algo que no podemos controlar, pero mi punto de vista respecto a ella ejercía un efecto inmenso en mis experiencias.

Tal como dice Marco Aurelio: «Las personas buscan refugios en el campo, en la playa, en las montañas, y tú también has convertido en hábito anhelar lo mismo por encima de todo. Pero eso es del todo antifilosófico, ya que tienes la posibilidad de refugiarte en ti mismo cuando quieras; nadie puede refugiarse en una paz o una libertad mayor que en el interior de su propia alma». En otras palabras: vayas adonde vayas, allí estarás. No puedes huir de lo que te estresa y te asusta, porque lo llevas en la mente; como el primer hombre que visitó el monasterio, si creemos que el mundo es áspero y hostil, encontraremos hostilidad en todas partes. Pero si percibimos el mundo como un lugar siempre dispuesto a devolvernos la sonrisa, eso es lo que encontraremos.

EJERCICIO

Siéntate en una habitación y mira a tu alrededor. ¿Cuántos objetos rojos ves? Párate a observar cada uno de ellos: su textura, su peso y su tamaño.

Ahora centra tu atención en esta página y de momento no mires a tu alrededor. ¿Cuántos objetos azules hay?

Cuanto más nos centramos en un único aspecto de nuestra vida, más ciegos estamos ante el resto.

La próxima vez que salgas a la calle, trata de fijarte en tres cosas positivas. ¿Serán los árboles o los pájaros que tienes cerca? ¿O un vecino que te saluda? ¿O las calles, que están muy limpias? ¿Te llega un olor agradable de alguien que está cocinando algo rico? ¿Te resultan cómodos los zapatos que llevas, o estás a gusto con el calor que te proporciona tu chaqueta? ¿Has podido beber agua fresca y limpia en lo que llevas de día? ¿Acabas de comer algo que te ha dejado una sensación de lo más agradable?

A medida que avanza el día, ¿en cuántas otras cosas buenas eres capaz de reparar? Tras hacer este ejercicio varias veces, ¿te parece que las personas con las que te encuentras en el trabajo, en el transporte público o por la calle tienen algo distinto?

EN RESUMEN

Vemos lo que buscamos.

En el mundo, las cosas pasan como pasan, pero tú puedes elegir el prisma a través del que quieres verlas.

Capítulo 12

Para sin parar

O mantente presente

> El hombre sabio no se lamenta por lo que no tiene; se alegra por lo que sí.
>
> EPICTETO

Capítulo 12

Para sin parar

Resulta que la vida no es tan complicada. De hecho, es mucho más llevable de lo que imaginábamos. No consiste ni en nuestros complejos y enmarañados pasados ni tampoco en nuestros futuros impredecibles e infinitos. Nuestra vida, la de todos, es así:

························●························

El punto grande es donde estamos ahora, en este instante, y la línea de puntitos es la nada, donde existimos anteriormente y donde podríamos seguir existiendo. Detente un momento y asimila esta idea. ¿Oyes algo a tu alrededor? ¿Tienes a alguien cerca? ¿Cómo te sientes físicamente? Eso es la vida, nada más. En unos minutos, el momento habrá cambiado: tu cuerpo será más viejo, tu entorno será diferente, ya que todo cambia en un minuto respecto a lo anterior. ¿Qué tiene de distinto este momento?

La cuestión es que no hay ningún momento como el que estás viviendo ahora mismo. No existimos en ningún otro momento que no sea el ahora. No existimos ni en el pasado ni en el futuro, ni en los recuerdos ni en los planes. No son más que proyecciones de nosotros mismos, imágenes que nos creamos en la mente y que podemos sentir y recordar. Podemos recrearnos en los «maravillosos tiempos pasados» y pasar horas pensando en que las cosas eran mucho mejor entonces, tanto a título personal como en el mundo en general. Pero en aquellos días, ¿éramos verdaderamente felices? ¿Alguna vez hemos vivido en un mundo libre de miedos? ¿El telediario de la noche alguna vez ha estado lleno de noticias alegres e información inocua? ¿Vivíamos en comunidades en las que nadie pasaba hambre jamás, o donde no existían ni el miedo ni el sufrimiento? Si por lo contrario nos focalizamos en el futuro —«si hago tal cosa, entonces pasará esto otro y todo se arreglará»—, ¿conseguiremos que el día de hoy sea mejor? ¿Acaso el «futuro» es más real que cualquier otra fantasía que imaginemos? ¿Acaso cualquier plan que hagamos para el futuro es más que una simple distracción del momento en el que nos encontramos? Cuando pensamos en recuerdos agradables del pasado, ¿acaso no recordamos cuánto anhelábamos un futuro mejor en aquellos tiempos?

Nos aterra tanto aburrirnos que nos afanamos en rellenar cada momento con otra cosa: en el instante en que no recibimos el estímulo inmediato de una conversación, un programa de televisión o una tarea urgente, echamos mano del móvil o cogemos el mando a distancia para llenarnos los ojos y la mente de algo ruidoso, brillante y nuevo (y a veces lo hacemos incluso mientras la conversación, el programa o la tarea siguen desarrollándose, tal es nuestro instinto para la sobreestimulación). En el fondo, sabemos que cuando dediquemos un momento a parar y reflexionar sin distracción alguna, no pensaremos con cariño en todos esos ratos en que nos hemos distraído y nos hemos balanceado hacia delante y hacia atrás para vivir en el pasado o el futuro, y aun así nos concedemos muy poco tiempo para vivir en el momento presente. Listas de tareas, lamentos, planes y correcciones; nos colocamos donde sea, excepto en el aquí y el ahora.

Si alguien te dijese que tienes que dedicar todo el tiempo que pasas despierto mirando el móvil y dando toquecitos en la pantalla cada dos por tres, ¿estarías contento con tu calidad de vida? Aun así, si lo piensas, regalamos el tiempo del que disponemos en la Tierra como si tuviésemos horas infinitas en las que existir y una conciencia ilimitada que nos podemos permitir malgastar. Como ya hemos visto, hoy en día, la atención se ha convertido en una divisa global. Quienes ostentan el poder quieren nuestra atención porque pueden convertirla en dinero, pero al dársela, lo que les estamos entregando es nuestro momento presente, que es lo único que tenemos en esta vida. Estas corporaciones nos están robando la vida, momento a momento, y la única forma en la que podemos entender sus acciones es teniendo en cuenta que sus beneficios provienen principalmente de fomentar los cuatro vicios —la necedad, la cobardía, la injusticia y la intemperancia—, pero nosotros debemos tener en cuenta nuestro camino hacia la *eudaimonia*. En internet circula una pregunta muy famosa sobre el tiempo que dedicamos a las pantallas: «Imagina que tienes 86.400 dólares en tu cuenta y que alguien te roba diez. ¿Te enfadarías y malgastarías los 86.390 dólares que te quedan con la esperanza de vengarte del que te ha quitado esos diez, o pasarías página y seguirías con tu vida?». Esos 86.400 dólares representan los segundos que tenemos cada día, y la pregunta es: ¿por qué echar por la borda el día entero por un momento negativo que haya surgido?

Todos queremos ser felices, y puede parecer que somos responsables cuando tomamos decisiones con las que cambiar nuestra vida y alcanzar una mayor felicidad. Quizá se trate de cambiar de trabajo o de romper una relación, o de empezar un pasatiempo nuevo o una rutina de ejercicios. Pero si no lo estamos haciendo en este preciso momento, ¿cuenta como si lo estuviésemos haciendo? Nos prometemos que seremos felices cuando lleguen esos cambios, pero si no somos felices con lo que tenemos en este instante, ¿por qué íbamos a ser felices con lo que quizá tengamos otro día? Depositamos unas esperanzas enormes en nuestro futuro e imaginamos el día en que tendremos las habilidades, la casa, el trabajo, el cuerpo o la relación que queremos. Todo pende de la esperanza de que un día todo se habrá «arreglado», y aun así no dedicamos ni el 1% de esa esperanza y de ese esfuerzo en hacer que esa persona futura sea la que somos ahora mismo. La maestra zen Charlotte Joko Beck, quien se centró en plantar cara a la rabia, la ansiedad y el egocentrismo en su práctica zen, dijo: «Lo que hace que sea insoportable es la creencia errónea de que puede curarse».[14] A lo largo de la vida se nos dice una y otra vez que debemos superar esto y aquello, que debemos prevalecer sobre ello, cambiarlo y mejorarlo, y que si no lo hacemos, habremos fracasado. Pero ¿y si todo eso solo conduce a más infelicidad, del tipo que surge de nuestras propias expectativas y figuraciones, más que de la realidad que estamos atravesando? Otro estudiante zen, el escritor John Tarrant, habla de la compresión zen de las dificultades que afrontamos en la vida: «El sufrimiento no es una anomalía, sino una pista para liberar la mente. En este sentido, el sufrimiento no es ni accidental ni un error, sino un comienzo enorme. Es el regalo que pone en marcha una gran transformación en nuestro punto de vista».[15] Tarrant propone que nos preguntemos: «¿Y si lo que hay es esto y nada más?». No se trata de nihilismo ni de desesperanza, sino del descubrimiento deliberado de lo que llama «una profunda bondad en el seno de nuestra vida ordinaria». Lo que tenemos es el ahora; las únicas herramientas con las que podemos lidiar el momento actual son aquellas de las que disponemos en este mismo instante: una pizca de coraje, una pizca de sabiduría, una pizca de templanza, una pizca de justicia. Hacemos lo que podemos con lo que tenemos, y utilizamos este «ahora mismo» para desarrollar nuestro carácter, para que nos lleve al siguiente «ahora mismo». ¿Por qué íbamos a pasar tanto tiempo pensando en una posible felicidad a costa de la felicidad de hoy?

En determinados momentos se abre ante nosotros un camino difícil que podría beneficiarnos a medida que nos abrimos paso por la dificultad actual y construimos nuestro carácter, o bien permanecemos en el momento y aprendemos a saborear las emociones y las experiencias que estamos viviendo. La mayor parte de nuestros miedos y de nuestras preocupaciones desaparecen por completo cuando aceptamos la certeza de que el único momento que vivimos es este mismo, y la inmensa mayoría de las veces, esos miedos no existen en él. Puede que temamos algo «pequeño» (ya sea ir al dentista o hacer una presentación en el trabajo) o algo enorme (la posibilidad de un conflicto global o las catástrofes climáticas), pero ¿cuántas de esas cosas están ocurriendo ahora mismo, y cuánto espacio ocupan en nuestra vida una vez que ocurren?

EJERCICIO

Siéntate en silencio y mantente presente.

Acepta que con solo existir en este preciso instante basta.

¿Te cuesta? ¿Qué te empujan a hacer tus instintos? ¿Quieres coger el móvil? ¿Estás haciendo una lista mentalmente de lo que deberías o podrías estar haciendo? ¿Por qué crees que te cuesta tanto este ejercicio?

Ponte una alarma e intenta aguantar treinta segundos.

Date una semana para ir aumentando el tiempo. Disfruta de sentarte en paz y de gozar de los momentos que componen tu vida.

Hoy en día, el impulso de querer mantenernos ocupados de la forma que sea y mantener la mente en marcha es de lo más común. Proviene del maravilloso instinto humano de establecer conexiones y descubrir nuevas respuestas, pero ese superpoder toma el camino equivocado cuando tenemos un teléfono inteligente en las manos. En lugar de hablar entre nosotros en la plaza del pueblo o de experimentar en el jardín o la cocina, ese mismo instinto nos lleva a darnos atracones de malas noticias o de programas de televisión que no aportan nada. Imagina qué pasaría si nuestra curiosidad y hambre de historias no contase con estas fuentes tan propias del siglo XXI; si solo tuviésemos cuadernos y libretas, vecinos y familiares, ¿qué descubriríamos los unos sobre los otros? ¿Qué descubriríamos sobre nosotros mismos?

Cuando damos un largo paseo o salimos a correr un buen rato, la sensación es fantástica. No estamos mirando una pantalla ni leyendo correos electrónicos, y el cansancio hace que nos concentremos únicamente en poner un pie después del otro, en existir en el momento presente. Tenemos la mente despejada, los pensamientos son sencillos, y a menudo nos decimos: «Qué gusto, tengo que hacerlo más a menudo». Entonces vemos un correo de trabajo o recordamos que tenemos que limpiar la nevera y se nos vuelve a llenar la mente de la siguiente tarea. Perdemos de vista el placer sencillo de vivir en el momento. Y entre las muchas razones por las que la lectura nos beneficia, está el hecho de que leer puede mejorar nuestra estructura cerebral, abonar los niveles de empatía y hacer que nuestro cerebro sienta que ha vivido experiencias más allá de las propias. Leer un libro también es una forma de meditación. Si somos capaces de sentarnos durante una hora y no mirar nada más que nuestro libro, sin móviles ni pantallas de ningún tipo, estamos tranquilizando y calmando nuestro cerebro al centrarnos en una actividad única y lenta que permite que la mente se expanda y se concentre al mismo tiempo. Si lo practicamos a diario, nuestra capacidad de concentración no hará más que mejorar.

Piensa en las preguntas que llevan decenas de miles de años haciendo avanzar a la humanidad, como cuál es nuestro propósito, por qué hacemos ciertas cosas, o por qué nos inclinamos por ciertas ideas, grupos o prácticas; ¿cada cuánto nos concedemos el tiempo necesario para planteárnoslas? En el mundo de los resultados instantáneos y las respuestas algorítmicas de hoy, apenas contamos con el espacio necesario para vivir el momento y reflexionar sobre una única pregunta (sin saber la respuesta) durante unos minutos, y ya no entro en las horas, las semanas y los años que puede llevar pensar en una solución nueva, profunda y meditada que pueda hacer avanzar el desarrollo humano. Sabemos que florecemos cuando podemos pararnos a pensar este tipo de preguntas durante un largo periodo de tiempo, si le damos a la mente el espacio y la atención necesarios para crear y expandirse, tanto si nos metemos en el campo de las matemáticas como de la ciencia, el arte o la filosofía. Sabemos que cuando tenemos tiempo para pensar, nuestras respuestas son mejores, pero cada vez le quitamos más prioridad a los momentos que necesitamos para hacernos esas preguntas.

> La vida es muy corta y está repleta de ansiedad para los que olvidan el pasado, desatienden el presente y temen el futuro.
>
> SÉNECA

Hace poco estaba yendo en bici a casa, y mientras subía lentamente por una cuesta, un chico joven intentó decirme algo que no terminé de entender. Seguía avanzando, por muy lento que fuese, así que le hice un gesto con la mano para decirle que no le oía. El chico siguió gritándome, con una actitud cada vez más agresiva, pero al final conseguí adelantarlo y él se quedó atrás, y dejó de intentar comunicarse conmigo. Hasta unos momentos más tarde no caí en la cuenta de que estaba intentando atracarme.

Ya me han atracado otras veces, y de chaval me metí en algunas peleas. La sensación que me provocaba cada incidente me perseguía durante días, semanas e incluso meses; ese pánico a la violencia, el miedo a que volviesen a atacarme. Pero esta vez no tenía adrenalina, no me había puesto a temblar, y me fui a la cama sin la sensación de haber pasado por algo traumático. Se me ocurrió pensar que eso era el estoicismo en acción.

Sé que me moriría de miedo si abriese la puerta de casa y viese a un león enorme en el jardín, porque representaría un peligro real y presente. Pero a fuerza de estudiar el estoicismo durante años, esta filosofía me ha cambiado el cerebro. Aquel día, en la bici, me di cuenta de que había perdido el hábito de ver peligros por todas partes, y que ahora solo reaccionaba ante amenazas «reales» y no ante las que había imaginado o proyectado en situaciones potencialmente peligrosas. De adolescente, los encuentros sociales me daban tanto miedo como las peleas; me aterrorizaba lo que había imaginado que podría decir o lo que podría hacer un tercero. Y, hace unos años, podría haber visto a aquel chico caminando por la calle y pensado: «Quizá sea un atracador, será mejor que acelere», y habría llegado a casa sudando y temblando. Pero ahora, incluso cuando estaba intentando atracarme, no había advertido ningún indicio de violencia o de amenaza, así que mi cerebro no me había puesto alerta. Hoy en día, muchos de mis miedos han desaparecido porque la gran mayoría de los que solía tener no eran «reales». Ante una situación que de verdad es peligrosa, con pensar no bastará para salir de ella; pero sí puedes decirle a tu cerebro, momento a momento, que muchas de las cosas que teme no merecen el sentimiento que provocan: hablar con un desconocido, ir a una entrevista o viajar a un lugar desconocido. Y es que reducir el miedo que sentimos día a día merece mucho la pena.

> Recuérdate que el pasado y el futuro carecen de poder sobre ti.
>
> MARCO AURELIO

A todos nos ha pasado que estamos con un grupo de amigos y que, poco a poco, todo el mundo ha acabado mirando el móvil. Uno mira un mensaje, y entonces otro saca el móvil porque está esperando una respuesta, y entonces otro saca el suyo para enseñar una cuenta de TikTok o de Instagram. Y, de pronto, todo el mundo está encorvado encima de sus pantallas; nadie se está mirando a los ojos, ni haciéndose bromas espontáneas, ni hablando del momento en que se encuentra, sino que todos acaban compartiendo los momentos y las bromas de otros. Cuando echemos la vista atrás hacia estos momentos con nuestros amigos, ¿nos llenarán de alegría? ¿O deberíamos tomar la decisión de disfrutar de los momentos que pasamos con ellos sin interrupciones, simplemente pasando el rato juntos de una forma que no es posible cuando median la distancia, los dispositivos o las distracciones?

¿Te acuerdas de la intensidad con la que vivías los momentos positivos de pequeño? De niños, en general, no teníamos una larga lista de responsabilidades o tareas; podíamos existir en el momento, reírnos con nuestros amigos, quedarnos quietos bajo la lluvia, correr hacia un lugar u otro, ajenos totalmente a los recuerdos de ayer y las presiones de mañana. Ahora tenemos facturas y empleos, planes y lamentos, listas de tareas por hacer y recordatorios pospuestos, y nos ligamos con tanta fuerza al momento presente con todo lo que ya ha pasado y lo que está por venir que no conseguimos apreciar nada del momento en el que nos encontramos. Es como la experiencia de viajar a otro país de vacaciones. Está el estrés inevitable de recoger las maletas cuando llegamos al aeropuerto de destino, de hacer la cola del control de pasaportes y pasar por la puerta de aduanas, de comprobar una y otra vez que lo tenemos todo, de buscar la forma de llegar al hotel, de comprobar de nuevo que tenemos todas nuestras bolsas y maletas, e incluso una bolsa extra de lo que hemos comprado en el aeropuerto. Llegamos al hotel, formalizamos la reserva y nos dicen cómo llegar a nuestra habitación, y por fin podemos dejar las bolsas, respirar y reparar en el entorno. Al mirar por la ventana, de pronto nos damos cuenta del día que hace, de los edificios colindantes, de la música que sonaba en la recepción mientras anunciábamos nuestra llegada, pero que no teníamos espacio mental para procesar. Ahora podemos admirar la luz que entra en nuestra habitación, el color de las paredes, que no es común en el clima en el que vivimos, las vistas al mar. Cuando por fin conseguimos dejar el equipaje del pasado y del futuro que llevamos encima, la sensación es la misma. La mente se puede relajar y limitarse a disfrutar del momento en el que nos encontramos.

Cuando, de adolescente, trabajaba en la construcción, vivía en el estado mental constante de morirme de ganas de que se acabase el día. Siempre esperaba el final del día, y vivía solo por y para el fin de semana. Mi jefe siempre decía que su momento favorito era cuando se apagaba la radio el viernes, la señal de que la semana se había acabado y de que por fin empezaba el fin de semana. El problema era que solo había un momento muy breve de la semana en que era ese viernes que todos esperábamos con ansias, incluso si ese propio viernes no era lo que quería, porque aún dedicaba su mayor parte a trabajar, y luego estaba el lío de hacer planes, y luego la noche se acababa, y tenía que despedirme de mis amigos e irme a casa. Así que, en realidad, solo había una o dos horas en las que me lo pasaba bien de verdad, e incluso entonces llevaba encima el cansancio de haber estado trabajando, y el sofocante pensamiento de que el fin de semana se acabaría pronto.

En cuanto me di cuenta de ello, fui viendo que se trataba de un hábito de lo más contraproducente. No celebraba la llegada del fin de semana, sino que me pasaba la vida lamentando su fin; no me entregaba a algo que me diese la energía para seguir adelante, sino que me metía en un ciclo negativo de infelicidad y arrepentimiento. Empecé a verlo por todas partes: en los anuncios y en los programas de televisión que nos dicen que debemos vivir por y para el viernes, para el fin de semana, para el verano y para las vacaciones. Pero si todos nos apresuramos para llegar a un día o a una semana o un mes en concreto, a un diminuto porcentaje de nuestra vida, ¿cómo diantres podemos sentirnos bien? Si nos decimos una y otra vez que lo único que merece la pena es ese breve momento, estaremos tirando a la basura la mayor parte de los millones de momentos que vivimos. Yo había estado deseando que el presente terminase con la esperanza de tener un futuro por el que sentirme más agradecido, pero cuando llegaba a ese «futuro», había desarrollado un hábito tan profundo de no disfrutar del presente que ni siquiera sentía placer alguno al llegar al destino. Más adelante empecé a trabajar limpiando propiedades que consumidores de drogas habían dejado sucias y hechas un desastre. Disfruté de cada instante y apreciaba plenamente el momento presente de cada una de las tareas que llevaba a cabo. Fue una maravilla darme cuenta de que no tenía por qué desear que se acabase cada día.

El momento de disfrutar de la vida es este. No tenemos que esperar a que llegue el fin de semana para disfrutar de un atardecer: el sol se pone todos los días, y ni siquiera hace falta que escalemos una montaña para verlo; aunque no lo parezca, los aparcamientos de los supermercados suelen ser un buen sitio, porque son espacios amplios y los tejados de alrededor son bajos. Tampoco para llamar a un amigo, prepararnos nuestra bebida favorita o poner esa canción que siempre nos da ganas de bailar hace falta esperar a tener el día libre. Yo he caído más de una y de dos veces en el error de ver que ya son las siete de la tarde y pensar que mañana será otro día. Que la jornada laboral haya terminado no significa que nuestro día también. ¡Aún hay tiempo! Tenemos unas preciosas horas por delante que podemos usar para disfrutar de los pequeños placeres que hacen que cada día sea positivo, y existen millones de formas de desvincular el presente de los apegos del pasado y del futuro para disfrutar de este preciso instante en todo su esplendor y gozar de una claridad mental eufórica desligada del pasado y del futuro. Personalmente, aún me cuesta: todavía me resulta difícil separar un momento precioso de la oportunidad de aprendizaje que podría brindar. Hace poco, estaba bajo una tormenta, oliendo la lluvia, sintiéndola en mi piel, mirando los rayos en el cielo, y aunque sabía que había obtenido algunos momentos de disfrute, mi cerebro estaba asimilando la experiencia como un recuerdo que citar en una historia sobre vivir el momento. Pero incluso en esos momentos tranquilos e insulsos que nadie consideraría lo suficientemente perfectos como para incluirlos en una película o para escribir una canción sobre ellos, seguimos existiendo, con toda la perfección.

Y es que el «momento perfecto» nunca lo es. En todo viaje hay momentos aburridos, en todo fin de semana hay tareas por hacer, en toda fiesta hay un vaso que se derrama o una canción malísima. Pero si somos capaces de encontrar la verdad y el disfrute en el momento presente, que al fin y al cabo es lo único que llegamos a tener en esta vida, podremos desencadenar unos niveles de descubrimiento y felicidad ilimitados.

EN RESUMEN

Deshazte de los lamentos del pasado y de las preocupaciones del futuro. Disfruta de las maravillas que te ofrece el mundo y vive el momento presente.

A partir de aquí

Ahora que has llegado a este punto y has pasado un rato leyendo este libro, ¿qué más puedes hacer?

El estoicismo es una guía para llevar una buena vida, un mapa para convertirnos en la mejor versión de nosotros mismos y una forma práctica de ayudar a los demás. La parte práctica es la más importante, ya que no tiene sentido saberlo todo sobre el estoicismo si luego no lo incorporamos al día a día. No tienes por qué hacerlo todo a la vez; con que des un solo paso, ya estarás más cerca de la *eudaimonia*. Si pones en práctica lo que has aprendido, te convertirás en un estoico, mientras que, de lo contrario, estarás pasando por alto la razón de ser y los beneficios del estoicismo.

Durante miles de años, los estoicos han desarrollado estas ideas sencillas, han ido transmitiéndolas de generación en generación, sobreviviendo a las amenazas de los poderosos y de otras filosofías a medida que se han ido traduciendo y transportando hacia todos los rincones del mundo. Han llegado tanto al gran emperador Marco Aurelio —quien se enfrentó a guerras y a imperios, a sus problemas familiares y a su propio carácter— como a ti, que sujetas este libro y tienes que lidiar con el cambio climático y la incertidumbre económica, con tus problemas familiares y con tu propio carácter. Los tiempos cambian muchísimo y, a la vez, nada en absoluto. Todos somos humanos; todos tenemos problemas, dificultades, obstáculos; todos albergamos el mismo potencial.

Aunque las enseñanzas del estoicismo tengan miles de años, podemos seguir abordando los problemas que afectan a la sociedad actual con esta filosofía antigua. Los humanos hemos creado los problemas del ruido de internet, las distracciones de los móviles, la cultura del consumo y de la atención, y también nosotros podemos resolverlos si incorporamos las cuatro virtudes a nuestras vidas cotidianas para encontrar el espacio mental que necesitamos para vivir en un estado de paz y contento. Todos queremos disfrutar de un mundo caracterizado por la verdad, la justicia, la honestidad, la responsabilidad y la amabilidad, y vivir sin miedo.

Espero que este libro te ayude a descubrir y a construir ese mundo mejor.

La vida estoica

Vive en el presente. Acepta que lo único que existe es este preciso instante.

Céntrate solamente en aquello que puedes controlar. Libérate de la carga de los deseos y de las comparaciones.

Moldea tus acciones según las cuatro virtudes. Aspira a la verdad, al equilibrio, a la justicia y al coraje.

Agradece lo que tienes ahora mismo. Recuerda la existencia de la muerte y que todos somos iguales, y que el camino hacia la *eudaimonia* es claro.

Cuida tus pensamientos. Utiliza el poder de usar tu propia voz y haz el bien en el mundo.

Notas

Se han dado todos los pasos posibles por contactar con los propietarios de los derechos y obtener su permiso para utilizar el material protegido. La editorial pide disculpas por cualquier error u omisión, y agradecería que se le notificase cualquier corrección, la cual se incorporará en las futuras ediciones del presente libro.

1. Maya Angelou, *USA Today*, 5 de marzo de 1988.
2. *Hidden Brain*, pódcast, «The Paradox of Pleasure», 39:03.
3. Michael Sandler, *Inspire Nation Show*, «Love Yourself Like Your Life Depends on It», entrevista a Kamal Ravikant sobre el poder que te cambiará la vida, 23:06.
4. Albert Camus, «Retorno a Tipasa», recogido en *El verano* [Madrid, Alianza, 1996].
5. Fiódor Dostoievski, *Crimen y castigo*, Madrid, Edaf, 2006.
6. Alan Watts, *The Wisdom of Insecurity*, Nueva York, Vintage Books [trad. cast.: *La sabiduría de la inseguridad*, Barcelona, Kairós, 1991].
7. Bruce Lee / Bruce Lee Enterprises LLC.
8. Reinhold Niebuhr, oración de la serenidad.

9. John Koenig, *The Dictionary of Obscure Sorrows*, Nueva York, Simon & Schuster.

10. Ryan Holiday y Stephen Hanselman, *Daily Stoic*, Nueva York, Portfolio, 2016 [trad. cast.: *Diario para estoicos*, Barcelona/Ciudad de México, Reverté Management, 2016].

11. Television Academy Foundation, «Fred Rogers Interview», entrevistado por Karen Herman, 22 de julio de 1999. Para más información, véase <https://protect-eu.mimecast.com/s/xoHlCJy8xfroxO9CVWIXW?domain=televisionacademy.com"TelevisionAcademy.com/interviews>.

12. Joshua Fields Millburn y Ryan Nicodemus, *Everything That Remains: A Memoir by The Minimalists*, Oxford, Asymmetrical Press, 2014.

13. Jim Carrey, discurso de graduación en la Universidad Maharishi de Administración, <https://www.youtube.com/watch?v=V80-gPkpH6M>.

14. Charlotte Joko Beck.

15. John Tarrant, «Hidden In Plain Sight», 1 de mayo de 2015, <https://tarrantworks.com/2015/05/01/hidden-in-plain-sight/>.